교사가 고민하는 자유학기 교과별 심화 수업

자유학기, 이런 수업 어때요?

자유학기,
이런 수업 어때요?

교사가 고민하는 자유학기 교과별 심화 수업

초판 1쇄 발행 • 2017년 9월 25일

지은이 • 김은미 김한수 박만용 송원석 육상식 윤여찬 이문희 이상덕 이수진 최주연 지음
펴낸이 • 강일우
책임편집 • 김용희·소인정
펴낸곳 • (주)창비교육
등록 • 2014년 6월 20일 제2014-000183호
주소 • 04004 서울특별시 마포구 월드컵로12길 7
전화 • 1833-7247
팩스 • 영업 070-4838-4938 / 편집 02-6949-0953
홈페이지 • www.changbiedu.com
전자우편 • textbook@changbi.com

ISBN 979-11-86367-73-5 03370

교사가 고민하는 자유학기 교과별 심화 수업

자유학기, 이런 수업 어때요?

김은미 김한수 박만용 송원석 육상식
윤여찬 이문희 이상덕 이수진 최주연 지음

창비교육

머리말

강아지에게 말을 가르쳤다고 하는 소년에게 소녀가 묻습니다.

"강아지는 짖기만 하는데 어떻게 된 거야?"

소년이 이야기합니다.

"내가 강아지에게 말을 가르쳤다고 했지, 강아지가 말을 배웠다고 하진 않았잖아!"

공허한 가르침에 관해 생각하게 하는 유명 애니메이션의 한 장면입니다.

수업은 삶과 연계되어야 합니다. 아이들이 민주시민으로 성장할 수 있도록 교육 목표를 설정해야 한다는 철학적 합의 속에서 짧게는 4년, 길게는 20년 이상을 따로 또 같이 실천해 온 8명의 교사들이 있습니다.

삶과 괴리된 공허한 가르침에 관한 고민은 수업의 변화를 이끌어 내기 위한 실천으로 이어졌습니다. 그 실천의 중심에는 나눔과 협력, 경청과 소통의 관계 맺기가 차츰차츰 자리 잡았습니다. 그리고 마침내 드러내지 않아도 성장의 기쁨만으로 충분했던 수업 변화의 과정들을 한 권의 책으로 담아냈습니다. 각기 다른 교과의 교사들이 모여서 한 권의 책을 낸다는 것이 쉬운 일은 아니었지만, 자유학기의 도입은 지필 고사를 치르지 않는 학교에서 다양한 토론과 활동이 진행되는 과정을 정리하고 결과를 다듬는 수고스러움을 기꺼이 감내할 만한 충분한 이유로 다가왔습니다.

이 책에서 다룬 교과별 수업 활동은 자유학기 도입과는 별개로 아주 오래전부터 교실에서 아이들과 함께 고민하고 실천했던 내용입니다. 그래서 시간을 관통하는 묵직한 힘이 있습니다. 또한 다양한 교사 연수 과정에서 나누고 공유했던 내용을 기반으로 삼았습니다. 그래서 집단 지성의 경험이 녹아 있습니다.

이 책은 국어, 영어, 수학, 과학, 체육, 미술, 기술, 사회(토론법)의 수업 사례를 담고 있습니다. 각기 다른 교과의 특성을 유지하기 위해 공통의 양식을 고집하지 않았습니다. 다만 수업마다 가지고 있는 의미와 과정과 유의점을 풍부하게 담기 위해 노력했습니다. 이 책이 사례 중심으로 구성되어 있기는 하지만, 다양한 영역에 적용하는 데 많은 도움이 될 수 있다고 생각합니다. 교과 간 재구성을 통한 수업으로 인연을 맺은 저자들이지만, 여기에는 재구성 사례를 제외했습니다. 그 이유는 통합 이전에 개별적 교과 관점 세우기가 우선이라는 고민이 있었기 때문입니다. 그럼에도 여전히 많은 아쉬움이 남습니다.

저희는 이 책을 엮는 내내 아이들의 삶을 살찌울 수 있는 풍성한 내용과 철학이 묻어나는 수업 사례를 전하고 싶었습니다. 그런데도 이 책이 단순한 수업 사례집으로 읽히는 독자분이 계신다면, 그것은 전적으로 저자들의 부족함 때문입니다. 하지만 그러한 부족함 속에서도 배움과 가르침이 단절된 시간과 공간에서 머무르지 않고, 삶의 영역에서 순환되는 데 이 책이 도움됐으면 하는 바람입니다.

책이 출판되기까지 최선을 다해 함께 해 주신 창비교육 가족 여러분께 감사드리며, 끝으로 부족한 우리의 수업을 경청과 소통으로 채워 준 하나하나의 이름으로 존재하는 아이들에게 사랑한다는 말을 꼭 전하고 싶습니다. 고맙습니다.

2017년 여름, 저자 일동

차례

2부 · 자율 과정

일러두기

- 이 책에서 제안하는 수업 가운데 일부는 여러 선생님의 교실 수업을 통해 실천하고 검증된 수업 노하우를 저자가 과정 중심으로 더 구체화하여 수정 · 보완하였음을 밝힙니다.
- 이 책에서 제안한 수업에 쓰인 활동지는 아래 경로에서 내려받을 수 있습니다.
  창비교육 홈페이지 ⇒ 창비교육 자료실 ⇒ 기타 자료실

1부

공통 과정

나를
알아 가는
글쓰기

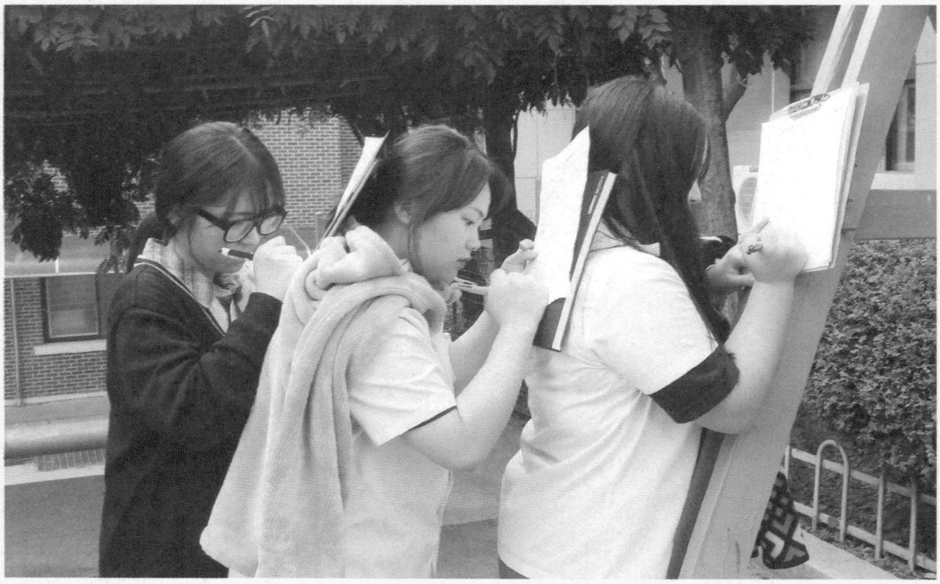

'나'와 '삶'에 대해 깊이 생각하고, 글로 표현하기를 어려워하는 요즘 아이들!

'나'와 관련한 짧은 글쓰기부터 시작하여, '내 주변'과 '삶'에 관한 글쓰기를 하다 보면

부쩍 성장해 있는 자기 자신을 발견하게 될 겁니다.

자유학기를 실시하면서 평가와 진도로부터 비교적 자유롭게 교과 심화 활동을 실시할 수 있게 됐습니다. 그러나 충분한 고민과 준비가 이루어지지 않은 상태에서 갑자기 교과 심화 활동을 주문받는 것은 교사에게도 상당히 부담스러운 일입니다. 게다가 자유학기 동안에도 교육과정상 달성해야 할 성취기준과 교과서가 있다 보니 수업을 진행하는 것이 기대만큼 자유롭지도 않습니다. 따라서 중학교 국어 교과에서 여러 차례 다루게 되는 수필, 시, 소설, 희곡 등의 문학 장르를 바탕으로 한 '나'에 관한 글쓰기 활동을 통해 진로를 탐색하고, 인생과 삶에 대해 고민해 보게 하는 교과 심화 활동을 제안합니다.

중학생들이 글쓰기 대상으로 삼기에 가장 적합한 소재는 '나' 또는 '나의 주변 인물(친구, 가족 등)'일 것입니다. 비단 중학교 1학년뿐만 아니라 2, 3학년 교과 수업에서도 활용이 가능하니 필요한 부분만 가져다 활용할 수도 있습니다. 비교적 접근이 쉬운 수필과 시를 시작으로 짧은 글쓰기에서 점차 긴 글로 확장하여 학생들이 수준에 맞게, 그리고 무엇보다 즐겁고 재미있게 활동하는 것이 중요합니다. 앞으로 소개하는 활동들을 학생 수준이나 학년에 맞게 적당히 취하고 수정하여 수업에 적용해 보기 바랍니다. 다른 교과와의 연계가 가능한 부분이나 통합 수업 사례에 대해서도 소개하겠습니다.

사진으로 나타내는 '나'

아이든 어른이든 막상 자신에 관해 글로 써 보라고 하면 대부분 어려움을 호소합니다. 그래서 생각한 것이 친숙한 사진이나 이미지를 학생들에게 제공하고 이를 소재로 자신의 과거와 현재, 미래를 나타내 보게 하는 활동입니다. 다양하게 해석될 여지가 많은 사진 중에서 세 장을 골라 그 사진의 어떤 면이 자신의 한 때를 나타내는지 간단히 설명하는 글을 씁니다. 더불어 나만의 버킷 리스트를 작성해 보도록 합니다. 버킷 리스트란 죽기 전에 꼭 해 보고 싶은 일과 보고 싶은 것들을 적은 목록입니다. 이를 통해 내가 소중하게 여기는 것이 무엇이고, 진정으로 바라는 일이 무엇인가를 생각해 보는 시간을 가져 봅니다.

수업 방법

먼저 사진을 모둠별로 나누어 줍니다. 사진은 다양한 해석이 가능한 사진이면 어떤 것이든 좋습니다. 사진 자료를 잘 갖추어 수업하고 싶다면 여러 사이트에서 이미지 카드를 구입해도 됩니다. 학토재에서 나온 『이미지 프리즘』 시리즈나 한국대학생선교회의 『솔라리움 2』 같은 것입니다. 물론 포털 사이트의 사진이나 잡지를 가져오게 하여 거기서 오려 낸 사진을 활용하는 방법도 있습니다.

모둠별로 나누어 준 사진 중에서 자신의 과거와 현재, 미래를 나타낸다고 생각하는 사진을 하나씩 골라 활동지에 붙이고 그에 관해 설명하는 글을 쓰게 합니다. 사진을 고를 때는 학생들이 서로 다투지 않고 사이좋게 한 장씩 고르도록 지도합니다. 사진을 골라 활동지에 붙이고 나면 죽기 전에 이루고 싶은 버킷 리스트를 작성하게 합니다. 글쓰기를 마치면 모둠별로 모둠원끼리 발표하게 하거나 모둠별로 잘 된 학생을 한 명씩 선정하여 발표하게 하고, 교실에 게시합니다.

____ 학년 ____ 반 ____ 번 ________

◎ **사진으로 나타내는 '나'**

1. 나눠 주는 사진 중 과거-현재-미래의 '나'를 가장 잘 나타내는 사진을 각 1장씩 고릅니다.
2. 각 사진을 붙이고 그에 대한 설명을 써 봅니다.

나의 과거를 가장 잘 나타내는 사진
〈사진 붙이는 곳〉 이 사진을 고른 이유를 아래의 주어진 칸에 가득 채워서 쓰세요.

- 1 -

사진으로 나타내는 '나'

나의 현재를 가장 잘 나타내는 사진
〈사진 붙이는 곳〉 이 사진을 고른 이유를 아래의 주어진 칸에 가득 채워서 쓰세요.

나의 미래를 가장 잘 나타내는 사진
〈사진 붙이는 곳〉
이 사진을 고른 이유를 아래의 주어진 칸에 가득 채워서 쓰세요.

활동지 1

사진으로 나타내는 '나'

3. 끝으로 죽기 전에 꼭 이뤄야 할 나만의 <버킷 리스트> 만들어 봅시다.

1	
2	
3	
4	
5	
6	
7	
8	
9	
10	

학생 활동 사례

과거

어렸을 때 소심한 성격 탓에 친구가 별로 없던 나는 6살 때 놀이터에서 만난 소꿉친구하고만 놀았었다. 그 친구는 언제나 당당하고 씩씩해서 그 친구와 있으면 나 역시 씩씩해지는 느낌이 들었다. 그리고 그 친구는 철없는 나를 항상 어른스럽게 챙겨 주었다. 지금은 비록 이사를 가서 전처럼 같이 지내지는 못하지만 아직도 서로 연락하고 있다. 몸이 멀어지면 마음도 멀어진다는 말 따위는 존재하지 않는다는 것을 몸소 보여 주고 싶다. 그 친구와 지금도 미래에도 언제나 함께 하고 싶다.

현재

지금 철도처럼 머릿속이 뒤죽박죽이다. 진로 문제 때문이다. 미술을 전공하고 싶어서 학원을 다니기 시작했지만, 성적 관리도 어렵고, 너무 늦게 시작한 것 같아 후회하고 있다. 하지만 늦게 시작한 만큼 더욱더 열심히 노력하면 언젠가는 철도처럼 구불구불하게 엉킨 나의 고민도 곧게 뻗어 나가지 않을까 생각한다.

미래

미래에는 사진에 나오는 새처럼 자유로운 삶을 살고 싶다. 내가 원하는 직업을 갖고, 먹고 싶은 것, 가고 싶은 곳, 해 보고 싶은 것을 다 해 보고 싶다. 그리고 열심히 높은 하늘을 날아가는 철새처럼 뭐든지 최선을 다해 열심히 해서 미래에 나의 과거를 뒤돌아봤을 때, "그때 조금 더 해 볼 걸." 하며 후회하지 않을 것이다. 실패를 하든 성공을 하든 해 보는 것 자체가 중요하다고 생각한다. 해 보지도 않으면 성공할지 실패할지 모르기 때문이다. 물론 미래의 내 자식들도 이러한 생각을 하며 자라게끔 키우고 싶다.

'나'에 관한 수필 쓰기

수필은 중학생 수준에서 가장 쉽게 접하고 편하게 써 볼 수 있는 문학 장르입니다. '나'의 경험과 생각에서 출발하면 '나'의 의미 있는 경험을 바탕으로 간단한 수필 쓰기 활동을 할 수 있습니다. 본격적으로 '나'의 이야기를 쓰기 전에 수필 읽기 및 간단한 독후 활동을 진행하여 수필과 친숙해지게 합니다. 그리고 글쓰는 것에 익숙하지 않은 학생들을 고려하여 '구상하기'와 '개요 짜기' 활동을 거쳐 수필을 쓸 수 있도록 활동지를 제공합니다.

수업 방법

먼저 『국어 교과서 작품 읽기』와 같은 책을 읽고 마음에 드는 수필 한 편을 골라 간단한 독후 활동을 합니다.

'나'의 경험과 생각을 정리할 때는 브레인스토밍이나 마인드맵 형식으로 자신의 경험 중 가장 기억에 남는 일을 떠올리고, 그 경험을 통해 얻은 삶의 가치나 의미를 정리합니다. 이후 '본론(가치 있는 경험) - 결론(그 경험을 통해 얻은 깨달음) - 서론(경험을 하던 당시의 생활)'의 순으로 개요를 작성하고 실제 수필 쓰기 활동을 합니다.

___ 학년 ___ 반 ___ 번 ________

◎ **활동 안내**

- 교과서 외의 수필을 읽고, 일상에서 찾아낸 의미 있는 가치에 대해 생각해 봅시다.

◎ **수필 장르에 대한 이해도 점검**

1) 수필(隨筆)은 어떤 글인가요?

2) 수필의 특징을 생각나는 대로 써 봅시다.

3) 수필의 종류 두 가지와 예를 적어 봅시다.

①

예:

②

예:

4) 수필과 소설의 차이점을 생각나는 대로 적어 봅시다.

	수 필	소 설
인 물		
형 식		
내 용		

활동지 2-1 **'나'에 관한 수필 쓰기** 1. 나를 알아 가는 글쓰기

◎ 교과서 외 수필 읽기

- 개인별로 한 권씩 나누어 준 『국어 교과서 작품 읽기』를 읽고, 아래 표를 작성하세요.

수필 제목		지은이	
줄거리 (10줄 이상)			
본인에게 가장 인상 깊은 내용이나 장면은 무엇인가요?			
그 장면을 상상하여 그림으로 그려 봅시다.			
이 수필에서 발견한 삶의 가치 /주제 / 교훈은 무엇인가요?			

- 2 -

활동지 2-2 **'나'에 관한 수필 쓰기** 1. 나를 알아 가는 글쓰기

____ 학년 ____ 반 ____ 번 __________

◎ 활동 안내

- 자신의 가치 있는 체험을 수필로 작성해 봅시다.

◎ 구상하기

1. 나의 가치 있는 체험 떠올리기(브레인스토밍 / 마인드맵)

- 자신의 경험 중 기억에 남는 일을 생각나는 대로 5가지 정도 적어 봅시다.
예: 6살 때 가족과 제주도 여행을 갔는데 길을 잃어버렸다가 경찰의 도움으로 다시 가족을 만났던 일

2. 1번의 경험 중에서 친구들과 나눌 만한 가치 있는 체험 하나를 골라 언제, 어디서, 어떤 일이 있었는지 간단하게 적어 봅시다.

예: 노래를 잘 부르지 못해서 다른 사람들 앞에 당당하게 노래 부르는 것이 꿈이었던 내가 오랜 연습 끝에 학교 축제에서 공연을 했던 일

3. 2번의 경험이 나에게 준 깨달음이나 가치, 의미는 무엇인지 간단하게 적어 봅시다.

예: 이전의 나는 아무 것도 못하는 바보라고 생각했는데, 이 일을 계기로 뭔가를 열심히 노력하면 나도 할 수 있다는 자신감을 갖게 되었다.

- 1 -

구상하기

1. 나의 가치 있는 체험 떠올리기(브레인스토밍 / 마인드맵 형식으로)

- 사촌 오빠, 언니가 선생님으로 있는 교회에 다녔던 일
- 이모네에 매일 같이 놀러갔던 일
- 아빠 서류를 가지러 회사에 갔다가 사무실에서 자고 온 일
- 벌에 쏘인 일
- 돌아가신 할머니와 예전에 여행 갔던 일

2. 1번의 경험 중에서 친구들과 나눌 만한 가치 있는 체험 하나를 골라, 언제 어디서 어떤 일이 있었는지 간단하게 적어 봅시다.

5살 때 가족 외식을 갔다가 아빠가 중요한 서류를 사무실에 두고 오셔서 아빠 회사에 갔는데 폭설이 내려서 다시 집으로 돌아가지 못하고 사무실에서 하룻밤을 자고 새벽에 돌아온 일

3. 2번의 경험이 나에게 준 깨달음이나 가치, 의미는 무엇인지 간단하게 적어 봅시다.

그 당시 아빠가 많이 바쁘셔서 아빠를 집에서 보는 일이 많지 않았다. 그 전에는 아빠가 1년 반 정도 해외 출장을 가 계셔서 3개월에 한 번 정도 만난 적도 있었다. 그런데 폭설이 내린 덕분에 아빠 사무실에서 난로 하나를 옆에 두고 온 가족이 한 이불을 덮고 잘 수 있어서 행복했다.

'나'에 관한 수필 쓰기

◎ 개요 작성하기

- 다음 표처럼 '중간-끝-처음'의 순서대로 글의 개요를 문단 단위로 나누어 간단히 작성해 봅시다.

중간: 친구들과 나눌 만한 가치 있는 체험 소개 - 구상하기 2번

끝: 그 일이 나에게 준 깨달음은 무엇인가? - 구상하기 3번

처음: 가치 있는 체험을 하던 시기에 '나'는 어떤 생활을 했나?

◎ 수행평가 채점 기준

평가 기준	채 점
1. 글을 **처음-중간-끝** 부분으로 나눠 썼는가?	- 5개 기준 수행: 5점 - 4개 기준 수행: 4점 - 3개 기준 수행: 3점 - 1~2개 기준 수행: 2점 - 미제출: 1점
2. **문단 나누기**를 적절히 하여 완성도 높은 글을 썼는가?	
3. 본인의 체험 및 친구들과 나눌 만한 **가치를 포함**시켰는가?	
4. **분량**을 잘 지켰는가?	
5. **제출 기한**을 잘 지켰는가?	

- 2 -

학생 활동 사례

개요 작성하기

'중간-끝-처음'의 순서대로 글의 개요를 간단히 작성해 봅시다. 개요를 쓸 때에는 문단 단위로 항목을 나누어 작성하도록 합니다.

중간: 친구들과 나눌 만한 가치 있는 체험 소개 – '구상하기' 2번

- 오랜만에 가족이 외식을 하러 나갔다가 아빠 서류를 가지러 회사로 갔다.
- 회사에 도착한 후에 폭설이 내려서 집으로 돌아가지 못하게 됐다.
- 우리 가족은 어쩔 수 없이 사무실에서 하룻밤을 자기로 했다.
- 우리는 한 이불 속에서 잠들었다가 새벽에 밥을 먹고 집으로 돌아왔다.

끝: 그 일이 나에게 준 깨달음은 무엇인가? – '구상하기' 3번

- 가족의 소중함과 사랑

처음: 가치 있는 체험을 하던 시기에 '나'는 어떤 생활을 했나?

- 나는 활동적인 아이였다.
- 아빠와 한 집에 살면서도 잘 만나지 못했다.

학생 활동 사례

수필 쓰기

'개요 작성하기'에서 작성한 것을 다시 처음 - 중간 - 끝의 순서에 맞추어 수필을 쓴다.

제목: 아빠의 서류

나는 어렸을 때 무척 활동적인 아이였다. 비가 오나 눈이 오나 바람이 부나 나가서 돌아다니는 것을 좋아했다. 시도 때도 없이 나가자고 엄마에게 떼를 쓰다가 혼난 적도 한두 번이 아니었다. 지금 생각하면 엄마에게 죄송한 마음이 들 정도이다. 그리고 돌아다니는 것만큼이나 호기심도 넘쳐서 처음 보는 곳이나 새로운 물건을 보면 참 좋아했다.

내가 6살이었을 때, 나는 우리 집에서 아빠를 거의 볼 수 없었다. 아빠는 늦은 밤에 집에 들어오셨다가 아침 일찍 회사로 출근하셨다. 그때 기억 속의 아빠는 2주에 한 번씩 일요일에 보거나 가끔 새벽에 잠에서 깨어 돌아다니다 주무시는 모습을 본 것이 전부였다. 그래도 난 그때가 참 좋았다. 이전에는 3개월마다 장기간의 해외 출장이 있어 1년에 네 번 보는 게 전부였는데 그보다는 아빠를 훨씬 많이 볼 수 있었기 때문이다. 지금 생각하면 참 철없는 행동이었지만 2주에 한 번 쉬는 일요일이면 아빠 몸에 올라타서는 밖에 나가자고 조른 적도 많았다. 그때 나와 언니는 아빠와 나들이 갈 수 있다는 기대로 2주를 보냈기 때문이다.

그 일이 있었던 날은 2주에 한 번 있는 가족 나들이 날이었다. 저녁은 외식으로 하자는 엄마의 제안으로 아빠 차를 타고 오랜만에 온 가족이 길을 나섰다. 그런데 갑자기 아빠가 월요일 아침 일찍 보내야 할 서류를 회사에 두고 왔다고 했다. 어쩔 수 없이 외식은 접어 두고 연천에 있는 아빠의 회사로 가기로 했다.

외식은 취소됐지만 언니와 나는 아빠 차를 타고 어디론가 간다는 것 자체로도 좋아서 노래를 부르며 따라갔다. 회사로 가는 내내 내리던 비는 밤이 되면서 낮아진 기온 때문인지 눈으로 바뀌었고, 언니와 나는 크리스마스 캐럴을 부르면서 더 좋아했었다. 그렇게 신나게 떠들다가 잠이 들었고 도착했다는 엄마의 목소리에 일어나 차에서 내렸더니 아빠의 사무실과 사무실을 지키는 강아지가 보였다. 아빠가 서류를 찾는 동안 언니와 나는 강아지와 신나게 놀다가 갑자기 배가 고파졌다. 사무실로 들어가 엄마에게 배고프다고 징징거렸더니 엄마와 아빠는 사무실에는 음식이 없으니 동네 음식점에서 먹자고 하셨다. 차를 타고 돌아다니며 음식점을 찾아보았지만 눈까지 오는 탓에 늦은 시간까지 열려 있는 음식점은 없었다. 우리가 갈 수 있는 곳이라고는 편의점뿐이었다. 지금이야 편의점에 먹을 것이 넘치지만 그때는 즉석 밥이나 통조림, 컵라면이 전부였다. 엄마와 아빠는 편의점에서 즉석밥 2개와 컵라면 4개, 참치 통조림 2개를 사왔고 우리 가족은 그제야 사무실에서 늦은 저녁 식사를 할 수 있었다.

아빠의 서류 작업도 어느 정도 끝이 났고 언니와 나는 꾸벅꾸벅 졸고 있던 터라 이만 집으로 돌아가기로 했다. 밖으로 나와 차를 타고 출발하려는데 갑자기 눈이 너무 많이 내리는 탓에 출발하지 못했다. 지금 생각해 보면 아빠가 건설 작업을 하는 곳이 시골과 가까워서 제설 작업이 안 되어 있었던 것도 문제였던 것 같다.

언니와 나는 강아지와 더 놀 수 있다고 좋아했지만, 부모님은 집에 놓고 온 짐 때문에 출근이 어려울 아빠와 다음날 학교에 가야 하는 언니를 걱정하셨다. 언니와 나는 부모님의 걱정에도 개의치 않고 강아지와 계속 놀다가 감기에 걸린다는 엄마 잔소리에 다시 사무실로 들어갔다. 사무실에 앉아 있는데 아빠가 어디선가 이불과 베개를 가져오셨다. 노느라 피곤했던 탓인지 아빠가 이불과 베개를 깔아 주시자마자 우리는 잠들어 버렸다.

잠을 깨우는 소리에 눈을 비비적거리며 일어났더니 어느새 눈이 그쳐 있었다. 밖은 어제와는 완전히 다른 세계 같았다. 눈은 그쳤고 구름도 걷혀서 별들이 보였다. 그때 나가서 본 별의 개수는 상상할 수 없을 만큼 많았다. 사진으로만 보았던 별들을 실제로 보니까 정말 신기했다. 언니와 함께 아빠의 팔을 한쪽씩 잡고 아빠 뒤를 계속 졸졸 따라다니면서 별을 가져다 달라고 조른 것도 생생하게 기억난다. 그렇게 한참 아빠를 조르다가 언니의 등교 때문에 그만 집으로 가기로 했다. 집으로 돌아오는 길, 차 안에서는 운전을 해야 하는 아빠를 빼고 모두 곯아떨어졌다.

이때 아빠 사무실에서 엄마, 아빠 사이에 끼여서 잤던 이틀 동안이 내가 가진 6살 때 기억의 전부이다. 아마 그때가 6살 때의 가장 행복했던 순간이라서 그런 것 같다. 오랫동안 보지 못했던 아빠, 집에 돌아오자마자 주무셨던 아빠와의 여행은 정말 행복했다. 지금도 아빠랑 차를 타고 어디를 가다 보면 문뜩 6살 때의 그 일이 생각난다. 또 아빠에게 화를 내거나 예의 없게 굴고 나서 가만히 앉아 있다 보면 그 일이 생각나기도 한다. 아빠한테 너무 못되고, 버릇없게 굴었던 건 아닐까 하는 반성도 된다. 아빠가 다시 해외 출장을 가신다면 저렇게 목 빠지게 기다릴 것을 …… 옆에 있으면 괜히 아빠한테 화도 내고 성질도 부리는 것 같다. 집에 오시면 아빠를 기다리던 6살의 마음으로 아빠에게 반갑게 인사할 것이다.

부모님 전기문 쓰기

'나'와 '내 주변'에 관해 이야기하면서, 나를 낳아 주신 부모님에 대해 더 많이 알아보는 것은 매우 의미 있는 활동입니다. 부모님 전기문 쓰기는 중학생뿐만 아니라 고등학생에게 수행 평가 과제로 적용해도 좋은 활동입니다. 막상 본인이 생각했던 것보다 부모님에 대해 잘 모르는 학생들이 많은데, 이 활동을 통해 부모님에 관해 더 잘 알고 더 사랑하는 마음을 가질 수 있게 될 것입니다.

수업 방법

표지를 포함하여 6~7장 정도의 '부모님 전기문 쓰기' 활동을 진행합니다. 표지 → 취재 수첩 1, 2 → 전기문 본문 쓰기 → 부모님께 편지 쓰기 → 소감 쓰기의 순서로 작성합니다. '부모님이 써 주시는 편지', '부모님께 드리는 시 찾아 쓰기' 등의 활동을 추가할 수 있으며, 완성된 전기문은 꼭 부모님께 보여 드리도록 지도합니다.

이 수업을 할 때는 부모님이 아니더라도 같이 사는 가족이나 주변 어른 등에 관한 전기문을 써도 된다고 꼭 안내해야 합니다. 가정 사정으로 부모님 전기문 쓰기가 어려운 학생들도 꽤 있으므로, 마음에 상처를 받지 않도록 세심한 주의가 필요합니다. 부모님 중에는 이 활동을 부담스러워하는 분도 가끔 계시지만, 덕분에 자녀와 오랜 시간 대화를 나누고 서로를 더 잘 알게 됐다고 좋아하는 분이 더 많았습니다. 결과물을 완성하면 가능한 버리지 말고 오랫동안 간직하라고 학생들에게 이야기해 줍니다. 이 활동의 학생 사례는 개인 정보 문제로 제시하지 않았습니다.

부모님 전기문 쓰기

____ 학년 ____ 반 ____ 번 __________

◎ 활동 안내

- 제출 기한 내에 아래의 지시에 따라 5면(표지 포함 6면) 분량의 보고서를 작성하여 수행평가 점수에 반영합니다. 사정상 부모님 전기문 쓰기가 여의치 않을 경우, 함께 사는 가족이나 가까운 일가친척의 전기문을 써도 좋습니다.

차 례	내 용
표지	전기의 제목은 내용을 압축하면서도 창의적으로 짓는다. 적당한 표지 그림을 삽입해도 좋다.
취재 수첩 1, 2 (1~2면)	배부한 취재 수첩 내용을 꼼꼼히 정리하여 1,2면에 첨부한다.
전기문 (3면)	- 본문을 시작하기 전에 인물 선정과 선정 이유를 적는다. - 모든 자료(취재 수첩, 여러 가지 일화, 부모님과 대화한 내용, 부모님의 어린 시절이나 현재의 삶 등을 포함)를 개요에 따라 직접 쓴다. - 일화를 충분히 모아, 일화 중심으로 쓰도록 한다. - 분량은 최소한 정해진 부분 이상을 쓰고, 종이가 모자라면 다른 종이를 덧붙여도 된다. 워드로 작성하지 말고 손으로 쓰되, 글씨 크기를 적당히 조절한다.
부모님께 편지 쓰기(4면)	- 종이 위에 부모님의 발을 얹어 놓고 발 모양을 따라 그린다. - 그려진 발 모양 안에 부모님께 드리는 편지를 쓴다.
소감 쓰기(5면)	- 전기문을 쓰면서 가장 감동받고, 재미있었던 점 - 부모님에 대해 새롭게 알게 된 점 - 전기문을 쓰면서 어려웠던 점

◎ 전기문 쓰는 방법

전기문의 시점은 소설과 같으나 가장 쓰기 편하고 자연스러운 방법은 1인칭 관찰자 시점(엄마는, 내 생각으로는)이다. 3인칭 시점은 이름을 직접 쓰거나(김애경 여사는~) '그', '그녀'를 써야 하므로 객관적인 느낌을 줄 수 있지만 다소 어색하게 느껴질 수 있다. 또한 전기문은 논설문이나 설명문이 아니므로 지나치게 딱딱하게 쓸 필요도 없다.

평가 기준 및 배점 (절대 평가)	배점 10점	감점 요인			0점
		분량	제출 기한	내용	
	유의 사항을 잘 지키고, 분량이 충분하여 성의가 있음	분량이 모자란 정도에 따라 감점	제출 기한을 어기는 정도에 따라 감점	내용이 부실하거나 성의가 없으면 감점	미제출

- 1 -

부모님 전기문 쓰기

◎ 전기문 양식

〈표지〉

OO 중학교	
학번	( )학년 ( )반 ( )번
이름	

- 2 -

〈1면〉

• '부모님 전기문' 쓰기 취재 수첩 1 – 나는 부모님을 얼마나 알고 있나?

전기문의 주인공은?	
나이, 띠	
좋아하는 음식	
싫어하는 음식	
버릇	
좋아하는 노래	
어렸을 때 장래 희망	
부모님을 한 마디로 표현한다면?	
간단한 하루 일과	
가장 친한 사람	
현재 가장 큰 고민	
가장 아끼는 물건	
스트레스 해소법	
현재 생활에 대한 만족도	
좌우명	
존경하는 인물	

개인 정보와 관련하여 지나치게 민감한 내용은 자세히 쓰지 않아도 됩니다.

- 3 -

〈2면〉

• '부모님 전기문' 쓰기 취재 수첩 2 - 취재한 내용을 시간과 주제에 맞게 나누어 연보를 만들어 봅시다.

탄생	
어린 시절	
학창 시절	
결혼 및 출산	
직업	
현재 생활	

- 4 -

〈3면〉

• '부모님 전기문' 쓰기 – 취재 내용을 바탕으로 부모님의 전기문을 써 봅시다.

최소한 여기까지 쓰기!

종이가 모자랄 경우, 다른 종이를 활용해도 됩니다.

부모님 전기문 쓰기

〈4면〉

• '부모님께 편지' 쓰기 – 이 종이 위에 부모님의 발을 따라 그리고, 그 안에 부모님께 드리는 편지를 써 봅시다.

부모님 전기문 쓰기

〈5면〉

• 소감 쓰기 – 부모님의 전기문을 만들어 본 소감을 써 봅시다.

(1) 전기문을 쓰면서 가장 감동 깊고, 재미있었던 점
(2) 부모님에 대해 새롭게 알게 된 점
(3) 전기문을 쓰면서 어려웠던 점

‘학교’를 소재로 한 시 쓰기

학교는 학생들이 집만큼이나 오래 머무는 곳입니다. 그런 의미에서 나의 중학교 생활이나 내가 다니고 있는 중학교를 소재를 시를 써 보는 활동을 소개합니다. 소재를 단순히 학교로 제시하기보다 우리 학교의 교육 목표에 표현된 단어 중 하나를 활용하여 시를 쓰도록 했습니다. 이를 통해 좀 더 다양한 반응을 이끌어 낼 수 있었고, 학교에 관한 이해와 관심도 높일 수 있었습니다. 자세한 안내 없이 “시 한 편씩 써 내세요.”라고 하면 학생들은 막막해할 뿐더러 수준도 들쑥날쑥한 경우가 많습니다. 구상 단계부터 표현, 완성까지 학생들이 순서를 따라 활동하다 보면 시 한 편을 완성할 수 있도록 친절하게 수업을 구성하는 것이 중요합니다.

수업 방법

시를 쓰면서, 1학년 국어 교육과정에 있는 ‘(예시) 시에서 운율을 만드는 방법’ 단원에서 배운 내용을 반드시 활용하도록 안내합니다. 시의 중심 소재를 ‘우리 학교’ 또는 ‘우리 학교의 교육 목표’나 ‘교훈’에서 찾아보게 하면 학교의 교훈이나 교육 목표를 자연스럽게 익힐 수 있고, 시의 내용이 다양해질 수 있습니다. 소재 정하기 → 소재에 대해 생각하고 정의 내리기 → 연상하기 → 주제 정하기 → ‘시에서 운율을 만드는 방법’을 활용하여 시 쓰기 → 자신이 활용한 ‘시에서 운율을 만드는 방법’에 대해 설명하기 → 친구의 감상평 받기 → 소감 쓰기의 순으로 활동을 진행합니다.

시를 쓸 때 활동지에 바로 써서 제출하기보다는 다른 종이에 써 보고 완성된 시를 깨끗하게 옮겨 적도록 지도합니다. 특히 쓰자마자 바로 제출하는 것이 아니라 며칠쯤 두었다가 고쳐 쓰기 과정을 거치고 난 뒤 제출할 수 있도록 지도합니다. 미술 교과와 연계하여 시화 그리기 활동을 해도 좋습니다.

활동지 4 **'학교'를 소재로 한 시 쓰기** 1. 나를 알아 가는 글쓰기

____ 학년 ____ 반 ____ 번 ________

◎ **활동 안내**

- 우리 학교(교훈, 교육 목표 등)를 소재로 시를 써 봅시다. 특히 1학기 때 배운 운율을 만드는 방법을 한 가지만 사용하여 시를 써 봅시다. 국어 시간에 활동하고 다음 수업까지 완성하여 제출하도록 합니다.

◎ **시의 중심 소재**

예) ○○ 중학교 교육 목표: 서로 존중하고 협력하는 평화로운 학교
위 목표와 연관성이 있는 어떠한 주제나 소재라도 가능합니다. 예) 서로(함께, 같이 등) / 존중(배려, 존경 등) / 협력(협동, 나눔 등) / 평화(행복, 왕따 없는 등) / 학교(친구, 선생님 등)

◎ **평가 기준**

평가 기준 및 배점 (절대 평가)	만점	감점 요인			1점
		항목	제출 기한	가독성	
	모든 항목을 작성하고 시를 완성하여 기한에 맞춰 제출한 경우	작성하지 않은 항목이 있는 경우	기한 내에 제출하지 않은 경우 (기한을 못 지키더라도 꼭 제출할 것)	적당한 크기의 손 글씨로 알아볼 수 있도록 쓰지 않은 경우	미제출

- 1 -

'학교'를 소재로 한 시 쓰기

◎ 시 쓰기

1. 소재 찾기

(1) 앞에 제시된 <시의 중심 소재>에서 중심 소재를 하나 정한다.
예) 서로, 함께, 같이, 존중, 배려, 존경, 협력, 협동, 나눔, 평화, 행복, 학교, 친구, 선생님 등
(2) 선택한 중심 소재를 떠올리거나 생각하면서 떠올린 특징이나 느낌을 쓴다.
예) 평화 : 편하다, 비둘기, 안전, 소통, 즐거움, 우리가 추구해야 하는 것, 서로 존중하기, 다름을 인정, 마음의 평화 등
(3) 중심 소재에 대해 나만의 정의 내리기 : 자신이 고른 중심 소재의 특성을 살려 시적으로 정의 내린다.

- 2 -

2. 연상하기 / 주제 정하기

(1) 자신이 고른 중심 소재를 중심으로 연상되는 것들에 관한 마인드맵을 작성한다.

중심 소재

(2) 중심 소재를 바탕으로 자기가 이 시를 통해 전하고 싶은 메시지(주제)를 한 문장으로 정리한다.

학생 활동 사례

1. 소재 찾기

(1) 시의 소재들을 생각해 보고 그중에서 중심 소재를 하나 정한다.

- 서로

(2) 선택한 중심 소재를 떠올리면서 특징과 느낌들을 써 본다.

- 협력, 밝은 느낌, 싸움, 즐거움, 소통, 친구들, 반(class), 학교, 소란스러움

(3) 자신이 고른 중심 소재의 특성을 살려 시적으로 나만의 정의를 내린다.

- 서로: 한 명이 못 할 일을 이 한 단어로 하여금 할 수 있게 해 주는 것

2. 연상하기 / 주제 정하기

(1) '1. 소재 찾기'에서 떠오른 생각과 자신이 고른 중심 소재와 관련하여 떠오른 것들을 연결하며 마인드맵을 작성한다.

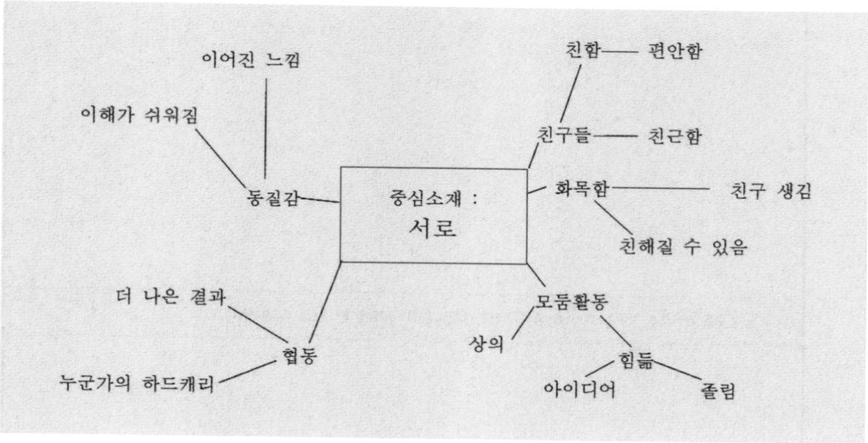

(2) 중심 소재를 바탕으로 자기가 이 시를 통해 전하고 싶은 메시지(주제)를 한 문장으로 정리한다.

- 서로서로 협동하여 무엇인가를 하는 그 마음이 멋지다.

3. 시 창작하기

분량에 제한은 없으나 수업 시간에 배운 시의 표현법을 최소 5가지 이상 포함하여 시를 써 봅시다.

마인드맵을 보면서 자신이 전달하고픈 메시지가 잘 드러나도록 시를 창작한다. (공책에 미리 완성하여 최종 작품을 깨끗하게 옮겨 쓸 것 / 시화(그림)을 포함하면 더욱 좋음 / 종이가 모자라면 다른 종이에 작성하여 붙일 것)

4. 시의 운율을 만들기 위해 사용한 방법(최소 1개 이상)

- 자기가 쓴 시에서 운율을 만들기 위해 어떤 방법을 썼는지 아래에 설명하세요.
예) 산에는 / 꽃 피네 / 꽃이 피네 - 같거나 비슷한 문구를 반복했다. (1) (2)

5. 친구들의 평가 받기

- 자신이 쓴 시를 모둠 친구들에게 보여 주고, 간단한 평가의 댓글을 받으시오. (최소 3명 이상 : 공감, 감동, 재미, 느낌 등)
예) 김일산 : 이 시를 읽으면서 평화의 소중함을 다시 생각하게 됐다. 특히 평화를 살아있는 사람처럼 의인법으로 소개한 부분이 좋았다.

- 5 -

6. 소감 쓰기

자신의 작품에 대한 설명을 간략히 쓰고, 시를 쓰는 과정에서 느낀 점이나 시 창작 수업 후의 소감을 쓰시오.
최소 여기까지는 쓸 것!

3. 시 창작하기

분량에 제한은 없으나 수업 시간에 배운 운율을 만드는 방법을 최소 두 가지 이상 포함하여 시를 쓴다.

서로서로

임○○

학교에서 서로서로 도와가며
수업을 듣자

친구끼리 서로서로 웃으며
놀러를 가자

학교에서 서로서로 협동하며
모둠 활동을 하자

친구들과 선생님들과 함께 서로 서로 도우면
가족 같이 화목한 학교가 된다

웃으며 손 흔들고 있는 우리들의 협동심

이만큼 멋진 마음이
세상 어디에 또 있을까.

4. 시의 운율을 만들기 위해 사용한 방법

- '~에서 ~하며 ~을 하자'와 같이 비슷한 문구를 반복했다.
- '서로서로'라는 표현을 반복하여 운율감을 형성했다.

5. 친구들의 평가받기

- 김○○: ~하며 ~하자 같은 부분이 재미있다. '서로서로'라는 느낌이 재미있게 느껴져서 좋았다.
- 김○○: '서로서로'라는 부분이 반복되어 운율을 형성해서 좋다. 마지막 연도 멋있다.
- 이○○: 협동심으로 친구들의 마음을 표현했다는 것이 멋있었고 색다른 느낌이었다.

6. 시 쓰기 과정과 소감

시를 쓰는 과정에서 운율을 만들어야 한다는 것에 부담을 느꼈다. 하지만 막상 시를 써 보니 시의 운율을 만드는 것이 그다지 어렵지 않아서 다행이었다. 오늘 내 기분이 좋은가 보다. 내가 쓴 시는 서로서로 도와 가면서 협동하는 마음이 우리가 가질 수 있는 그 어떤 마음보다도 더 멋지다는 내용이다. 그런 의미에서 우리 학교는 제일 멋진 사람들을 키워 내는 학교인 것 같다.

복도에 게시한 시 쓰기 결과물

소설로 인형극 만들기

학생들은 상대적으로 친숙한 소설 장르를 희곡 장르로 바꿔 보는 활동을 통해 여러 가지 배움을 얻을 수 있습니다. 우선 소설을 희곡으로 만들기 위해서는 원작 소설의 줄거리나 갈등, 구성 단계 등을 잘 이해해야 하므로 원작을 더 깊이 공부하게 됩니다. 또한 서사 문학과 극 문학의 표현 방식이 어떻게 다른지도 이해할 수 있습니다. 예를 들어 서사 문학에서 간단히 설명하면 되는 장면을 극 문학에서는 대사와 행동으로 어떻게 보여 주어야 하는지를 익힐 수 있습니다. 이 책에서는 예시로 고전 소설 「양반전」을 인형극으로 만드는 과정을 소개했습니다. 이 방식을 적용하면 1학년 국어 교과서에 나오는 소설이나 그 외의 여러 소설을 활용하여 인형극으로 만들어 볼 수 있습니다.

수업 방법

먼저 소설 장르와 희곡 장르의 차이점에 관해 익힙니다. 학생들이 서사 장르와 극 장르의 특성을 잘 이해하지 못한 상태에서 희곡을 쓰게 하면, 해설자가 등장하여 상황이나 사건을 쭉 설명하는 방식으로 희곡을 쓰는 경우가 많습니다. 처음부터 해설자는 가능한 등장시키지 않는 것을 조건으로 하고 반드시 대화와 행동, 혹은 인형의 모습이나 배경 그림을 통해 사건을 전개시키도록 안내합니다. 사전 단계로 다른 소설의 한 부분을 가져다가 희곡으로 바꿔 쓰는 연습을 시키면 좋습니다.

___ 학년 ___ 반 ___ 번 ________

◎ **활동 안내**

- 희곡의 장르적 특징을 알아보고, 소설 『토끼전』을 희곡으로 바꾸어 봅시다.

1. 희곡: (   )을/를 위해 쓴 극본. 무대에 상연을 목적으로 인간의 행동을 대화 형식을 빌려 표현하는 산문 문학의 한 갈래

2. 희곡의 3요소

- (   ): 제목, 막과 장의 표시, 등장인물 소개, 무대 장치 등을 설명한 글
- (   ): 등장인물의 행동, 표정, 몸짓이나 무대 장치, 분위기를 지시한 글
- (   ): 등장인물이 하는 말 - 대화 / 독백 / 방백

3. 희곡의 구성

[   ] : 사건의 시작 ⇒ [   ] : 사건의 상승 ⇒ [   ] : 사건의 위기와 전환
⇒ [   ] : 사건의 내리막길 ⇒ [   ] : 사건의 마무리

4. 희곡의 특징

- 무대 상연을 전제로 한 문학
- (   )의 문학: 인간의 행동을 보여주며, 행동은 압축과 생략, 집중과 통일이 필요하다.
- (   )의 문학: 대사를 통해 인물의 성격이 드러나고 사건이 진행되며 주제가 형상화된다.
- (   )의 문학: 인물의 성격과 의지가 빚어내는 극적 대립과 갈등, 분규(다툼)가 주된 내용이다.
- 현재성의 문학: 관객의 눈앞에서 현재 벌어지고 있는 사건으로 (   )하여 표현한다.
- 희곡의 제약: 시간과 공간의 제약 / 인물 수의 제약 / 직접 묘사 불가(보여 주기)

5. 희곡의 갈등

- 독자의 흥미를 고조시킨다.
- 갈등의 양상(모양, 상태)에 따라 사건이 전개된다.
- 희곡 속 인물은 사건 전개에 따른 갈등과 대립을 보인다.
- 종류: 외적 갈등(주인공과 다른 인물, 제도 사회와의 갈등) / 내적 갈등(주인공 마음속의 갈등)

6. 희곡 속 인물

- 성격 변화에 따라:
  ① (   )적 인물(성격 변화가 없는 인물) / ② (   )적 인물(성격의 변화가 있는 인물)
- 역할에 따라:
  ① (   ) 인물(중심이 되는 인물, 주인공) / ② (   ) 인물(주동 인물과 대립하는 인물)
- 대표성에 따라:
  ① (   )적 인물(어느 한 계층, 집단, 직업, 세대 등의 모습을 대표하는 성격의 인물)
  ② (   )적 인물(개인만의 독특한 성격을 지닌 인물)

- 1 -

◎ 문학의 갈래 바꾸기: 소설을 희곡으로

1. 다음은 소설 『토끼전』을 희곡으로 바꾼 것이다. 다음을 참고하여 소설의 주어진 부분을 희곡으로 바꾸어 보자.

2. 소설과 희곡의 차이점과 소설을 희곡으로 바꿀 때 주의할 점은 다음과 같다.
 - 소설은 서사, 묘사 등의 방식으로 등장인물의 성격, 사건을 표현하지만 희곡은 대화와 행동으로만 표현한다.
 - 소설에서 독자의 상상력에 맡기는 부분을 상영을 전제로 한 희곡에서 어떻게 표현할지 충분히 고민한다.

예)

소설 『토끼전』
(전략) 즉시 토끼의 간을 꺼내 오라고 명령을 내렸다. 그러자 뜰아래에 늘어서 있던 나졸들이 토끼의 배를 가르려 일시에 달려들었다. 이때, 토끼는 용왕의 말을 듣고 난데없는 날벼락을 맞은 듯 정신이 아득해졌다. '부귀영화를 누리게 해 준다는 별주부의 말에 속아 가족과 고향을 버리고 이렇게 왔으니, 어찌 이런 재앙이 없을쏘냐? 이제는 날개가 있어도 능히 하늘로 날아가지 못할 것이요, **축지법**을 쓸지라도 여기서 능히 벗어나지 못하리니 어찌 하리오?' 토끼는 절망감에 빠져들었다. 그러다가 다시 생각하되, '옛 말에 이르기를 호랑이 굴에 들어가도 정신만 차리면 산다고 하였으니, 어찌 죽기만 생각하고 살아날 **방책**을 헤아리지 아니하리오?' 하더니 문득 한 묘한 꾀를 생각해 냈다. 이에, 얼굴빛을 태연스럽게 하고 고개를 들어 용왕을 우러러보며 가로되, "제가 비록 죽을지라도 한 말씀 아뢰리다. 용왕님은 수궁의 임금이시요, 저는 산중의 하찮은 짐승일 따름이옵니다. 만일, 제 간으로 용왕님의 병환을 낫게 할 수만 있다면, 어찌 한낱 간 따위를 아끼겠나이까? 게다가 죽은 뒤에 후하게 장사를 지내 주고 사당까지 세워 주신다고 하시니, 그 은혜는 하늘과 같이 넓고 크나이다. 비록 지금 죽는다고 한들 어찌 조금이라도 **여한**이 있겠사옵니까? 다만 애달픈 바는 제가 비록 하찮은 짐승이오나 보통 짐승과 달라, 지금은 간이 없나이다. 저는 본래 하늘의 정기를 타고 태어난 까닭에 아침이면 옥 같은 이슬을 받아 마시며 밤낮으로 향기로운 풀을 뜯어 먹고 사옵니다. 제 간이 **영약(靈藥)**이 되는 것은 그런 까닭입니다. 그래서 세상 사람은 저를 만날 때마다 간을 달라고 심히 보채지요. 저는 이런 간절한 부탁을 매번 거절하기 어려워 간을 염통과 함께 꺼내 맑은 계곡물에 여러 번 씻어 높은 산, 깊은 바위틈에 감춰 두고 다닌답니다. 그러다가 우연히 별주부를 만나 여기에 따라온 것이니, 만일 용왕님의 병환이 이러한 줄 알았던들 어찌 가져오지 아니하였겠나이까?" **〈어휘 풀이〉** • **축지법**: 도술로 먼 거리를 가깝게 하는 술법. • **방책**: 방법과 꾀를 아울러 이르는 말. • **여한**: 풀지 못하고 남은 원한. • **영약**: 신비스러운 효험이 있는 신령스러운 약.

- 2 -

희곡 『토끼전』

제 4 막 1 장
배경 : 용궁 안 / 등장인물 : 토끼, 용왕, 별주부, 나졸 (1,2)

용왕 앉아있고, 앞에선 토끼.
그 뒤에 나졸들과 별주부가 서있다.

용왕 : **(신하들을 향하여 큰 목소리로)** 여봐라! 당장 저 토끼의 배를 갈라 간을 꺼내 오라!
나졸들, 별주부 : 네

나졸들과 별주부 달려나가 토끼를 둘러싸고, 토끼의 방백 이어진다.

토끼 : **(날벼락을 맞은 듯 사색이 되어)** 부귀영화를 누리게 해준 다는 별주부의 말에 속아 가족과 고향을 버리고 이렇게 왔으니, 어찌 이런 재앙이 없을쏘냐? 이제는 날개가 있어도 능히 하늘로 날아가지 못할 것이요, 축지법을 쓸지라도 여기서 능히 벗어나지 못하리니 어찌하리오?
별주부 : **(미안한 듯 하지만 이내 단호한 목소리로)** 토 선생 미안하게 됐소. 하지만 신하된 도리를 다하고자 함이니 나를 너무 원망하지 말구려.

나졸들과 별주부는 칼을 들어 토끼를 눕히고 배를 가르려 한다.

토끼 : **(모든걸 포기한 목소리로 방백)** 이렇게 죽는건가....

토끼 머리 위에 느낌표 배경 나타나며, 효과음

토끼 : **(밝은 목소리로 방백)** 그래 그렇지! 옛말에 호랑이 굴에 들어가도 정신만 차리면 산다고 했어! 억울해서 이대로는 죽지 못하지! 방법을 생각해보자.

토끼 칼을 치우며 고개를 들어 용왕을 바라본다.

토끼 : **(태연한 표정과 당당한 목소리로)** 제가 죽을지라도 한 말씀 아뢰리다. 용왕님은 수궁의 임금이시오, 저는 산중의 하찮은 짐승일 따름이옵니다. 만일, 제 간으로 용왕님의 병환을 낫게 할 수만 있다면, 어찌 한낱 간 따위를 아끼겠나이까? 게다가 죽은 뒤에 후하게 장사를 지내 주고 사당까지 세워 주신다고 하시니, 그 은혜는 하늘과 같이 넓고 크나이다. 비록 지금 죽는다고 한들 어찌 조금이라도 여한이 있겠사옵니까?
용왕 : **(고개를 끄덕이며)** 그래서 하고픈 말이 무엇이냐?

토끼 용왕 앞으로 다가가고 둘러싼 나졸들과 별주부는 길을 비킨다.

토끼 : **(안타깝고 애절한 목소리로)** 다만 애달픈 바는 제가 비록 하찮은 짐승이오나 보통 짐승과 달라, 지금은 간이 없나이다. 저는 본래 하늘의 정기를 타고 태어난 까닭에 아침이면 옥 같은 이슬을 받아 마시며 밤낮으로 향기로운 풀을 뜯어 먹고 사옵니다. 제 간이 영약이 되는 것은 그런 까닭입니다. 그래서 세상 사람은 저를 만날 때마다 간을 달라고 심히 보채지요.

토끼 깊게 한숨을 두 번 쉰다.

토끼 : 저는 이런 간절한 부탁을 매번 거절하기 어려워 간을 염통과 함께 꺼내 맑은 계곡물에 여러 번 씻어 높은 산, 깊은 바위틈에 감춰 두고 다닌답니다. 그러다가 우연히 별주부를 만나 여기에 따라온 것이니, 만일 용왕님의 병환이 이러한 줄 알았던들 어찌 가져오지 아니하였겠나이까?

- 3 -

- 앞의 예시를 참고하여 소설 『토끼전』의 주어진 부분을 희곡으로 바꾸어 봅시다.

소설『토끼전』

하며 도리어 자라를 꾸짖었다.

"네 진정 임금을 위하는 정성이 있을진대, 어이 이러한 사정을 **일언반구(一言半句)**도 말하지 아니하였는가?"

용왕이 이 말을 듣고 크게 노하여 꾸짖었다.

"너야말로 진실로 간사한 놈이로다. 천지간에 어느 짐승이 간을 내고 들일 수가 있단 말인가? 네가 얕은꾀로 살기를 **도모하나**, 과인이 어찌 **허무맹랑한** 거짓에 속으리오? 네가 과인을 **기만하고** 있는 죄 더욱 크도다. 너의 간을 내어 과인의 병을 고침은 물론이요, 임금을 속이려 한 죄를 엄한 벌로 다스리리라."

용왕의 지엄한 꾸짖음을 들은 토끼는 정신이 아득하고 가슴이 답답해졌다. 이젠 **속절없이** 죽을 수밖에 없다며 곰곰이 앉아 생각하다가, 다시 웃으며 아뢰었다.

"용왕님은 제 말씀을 자세히 들으시고 깊이 생각하시옵소서. 제 배를 갈라 간이 있다면 다행이겠지만, 만약 없으면 용왕님의 병환도 고치지 못하고 부질없이 저만 죽을 따름이오니 어찌 다시 간을 얻겠나이까? 그때는 후회해도 소용없을 것이오니, 바라옵건대 용왕님은 깊이 헤아리소서."

용왕이 토끼의 말을 듣고 보니 그럴 듯도 하거니와, 또 토끼의 얼굴색이 태연한 것을 보고 심히 의아해졌다.

"네 말과 같을진대, 간을 들이고 내는 표가 과연 있는가?"

토끼가 이 말을 듣고 마음속으로 크게 기뻐하며 생각하되,

'이제는 내 살아날 **방도**가 생겼도다.'

하며 바로 여쭈었다.

"이 세상의 온갖 날짐승, 길짐승 가운데 저만 홀로 특별히 간을 들이고 내는 곳이 있사옵니다."

용왕이 그 말을 듣고 짐짓 노하여 꾸짖었다.

"네 말이 진실로 간사하다. 모든 날짐승, 길짐승은 물론이려니와 네 어찌 간을 출입하는 곳이 있겠는가?"

토끼가 다시 여쭈었다.

"제가 간을 들이고 내는 곳의 **내력**을 말씀드리리다.

(생략 : 생략된 부분은 토끼가 그럴싸하게 거짓말을 하는 부분으로 각자 상상하여 쓰시오).

용왕님께서 만일 믿지 아니하신다면 그만이려니와, 믿으신다면 제 몸을 자세히 살펴보옵소서."

토끼의 말이 하도 그럴듯하여 용왕이 그 말이 사실인가 나졸에게 확인해 보라고 하니, 과연 엉덩이에 간을 들이고 내는 듯한 구멍이 별도로 있었다. 그래도 용왕은 의혹이 가시지 아니하였다.

"네 말대로 간을 내는 곳이 있는 듯하나, 간을 넣을 때도 그리로 넣는가?"

토끼가 속으로 생각하기를

'이제는 내 **계교**가 거의 맞아 간다.'

하고 여쭈었다.

〈어휘 풀이〉

- **염통**: 심장.
- **일언반구**: 한 마디 말과 반 구절이라는 뜻으로, 아주 짧은 말을 이르는 말.
- **도모하다**: 어떤 일을 이루기 위하여 대책과 방법을 세우다.
- **허무맹랑하다[허무맹낭하다]**: 터무니없이 거짓되고 실속이 없다.
- **기만하다**: 남을 속여 넘기다.
- **속절없이**: 단념할 수밖에 달리 어찌할 도리가 없이.
- **방도**: 어떤 일을 하거나 문제를 풀어 가려는 방법과 도리.
- **내력**: 일정한 과정을 거치면서 이루어진 까닭.
- **자시**: 밤 11시부터 오전 1시까지의 시간.
- **축시**: 오전 1시부터 3시까지의 시간.
- **인시**: 오전 3시부터 5시까지의 시간.
- **묘시**: 오전 5시부터 7시까지의 시간.
- **기린**: 성인(聖人)이 세상에 나올 것을 미리 알려 주는 상상 속의 동물. 생명이 있는 것은 밟지도 먹지도 않는다고 함.
- **봉황**: 예부터 중국의 전설에 나오는, 상서로움을 상징하는 상상의 새.
- **계교**: 요리조리 헤아려 보고 생각해 낸 꾀.

- 4 -

본격적으로 활동에 들어가면 원작 소설을 읽으며 학생들과 소설의 내용을 파악해야 합니다. 이때 '발단 – 전개 – 위기 – 절정 – 결말'의 구성 단계를 함께 나누고 정확히 이해하도록 지도합니다. 소설을 구성 단계로 나눈 후에는 모둠별로 한 부분씩 맡도록 하고, 모둠원 모두가 자기 모둠이 맡은 부분을 희곡으로 각색하여 쓰게 합니다. 네 명이 한 모둠이라면 같은 내용의 희곡 네 편이 완성됩니다. 소설에 따라 구성 단계 중 한 부분의 길이가 짧을 경우에는 두 부분을 선택하여 희곡으로 바꾸게 해도 좋습니다.

「양반전」은 '절정 2'와 '결말' 부분이 짧기 때문에 '발단', '전개', '절정 1', '절정 2 + 결말'의 네 부분으로 나누었습니다. 또한 각 구성 단계마다 내용이 짧은 관계로 개인별로 두 부분씩 골라 희곡으로 바꿔 쓰게 했습니다.

모둠별로 어떤 부분을 맡을 것인가를 정할 때에는 '재수왕 게임'을 활용하면 좋습니다. 전체가 손을 들고 선생님과 '가위바위보'를 하는데, 다른 상대와는 상관없이 선생님에게 이기거나 비긴 학생은 살아남고, 진 학생은 손을 내리게 합니다. 이렇게 해서 제일 오래 살아남는 사람이 우승자입니다. 각 모둠별로 1~2명만 남았을 때는 그 아이들끼리 가위바위보를 시켜서 순위를 정해도 됩니다. 이렇게 해서 우승한 학생이 속한 모둠이 원하는 부분을 먼저 선택할 수 있도록 합니다.

개인별 희곡 쓰기 활동이 완료되면 각자 쓴 희곡을 모둠원끼리 돌려 읽으면서 모둠 활동을 통해 인형극의 대본을 가다듬습니다. 그리고 다듬은 희곡을 모둠 안에서 다시 돌아가며 읽게 한 후, 모둠별 인형극을 만들 희곡 대본 하나만 정하게 합니다. 예를 들면, 네 개의 개인별 희곡 중 한 편만 그 모둠 인형극의 대본으로 정하는 것입니다.

____ 학년 ____ 반 ____ 번 __________

◎ 활동 안내

- 이미 배운 『양반전』 중 일부분을 희곡으로 바꾸어 봅시다.

◎ 평가 기준

- 모둠별로 정한 부분의 소설 내용이 모두 희곡에 담기도록 작성합니다.
- 지나치게 분량이 부족하거나 무성의하게 쓰지 않도록 합니다.
- 희곡과 소설의 장르적 차이점이 잘 드러나도록 작성합니다.
- 적당한 크기의 손 글씨로 알아볼 수 있도록 써야 합니다.

◎ 문학의 갈래 바꾸기: 소설을 희곡으로

1. 희곡으로 바꿀 부분 선정하기(총 4부분 중 2부분을 희곡으로 바꾸기)

(1) 본인 모둠이 인형극을 맡은 부분 ① 발단 ② 전개 ③ 절정 1 ④ 절정 2+결말 중 하나를 고를 것	
(2) 추가로 희곡으로 바꾼 부분 - 모둠이 맡은 부분이 발단 / 전개 중 하나일 때 : 절정 1 / 절정 2+결말 중 하나 - 모둠이 맡은 부분이 절정 1 / 절정 2+결말 중 하나일 때 : 발단 / 전개 중 하나를 고를 것	

- 1 -

2. 『양반전』 희곡 쓰기

이 과정을 마치면 모둠별로 한 편씩 골라낸 희곡을 바탕으로 인형의 모습을 구상하고, 대사나 배경 등을 정리하여 실제 인형극 대본으로 완성하게 합니다. 이어서 자기 모둠이 공연할 대본을 완성한 후에는 인형을 실제 제작하고 무대를 꾸며 모둠별로 인형극 공연을 합니다.

인형극에 쓸 인형과 배경 만들기는 미술 교과와 연계할 수 있을 때는 미술 시간에, 아닌 경우에는 국어 시간에 진행합니다. 마분지, 색연필, 유성 펜, 젓가락, 테이프 등 준비물은 미리 국어과나 자유학기 예산으로 준비합니다. 인형은 두꺼운 마분지에 그림을 그리고 색칠한 후 젓가락을 붙여서 만듭니다. 교과서 그림을 그대로 따라 그리기보다는 창의력을 발휘하여 인물의 특성이 잘 드러나도록 만들게 합니다. 공연 중 인형이 망가지는 일에 대비하여 종이에 테이프로 단단히 붙여 튼튼하게 만들도록 지도합니다. 배경은 여유가 되면 만들도록 하는데 학생들은 보통 재미있고 입체적인 배경을 잘 만들어 내는 편입니다.

공연을 할 때 무대 앞은 천이나 종이로 완전히 가려 주고, 무대 아래에서 모둠원들이 주저앉아 공연을 합니다. 모둠원 수만큼 대본을 준비하게 하여 우왕좌왕하지 않도록 하고, 가능한 마이크를 한 두 개 정도 꼭 준비해 줍니다. 목소리가 작거나 연기를 어색해 하는 학생은 목소리가 잘 들리지 않아 공연이 제대로 되지 않기 때문입니다. 공연 모습은 동영상으로 촬영합니다. 나중에 모둠별 공연 영상을 연결하여 하나의 완성된 작품으로 편집할 수 있기 때문입니다.

실제 공연은 학급별 모둠 수에 따라 같은 부분을 두 모둠이 공연하도록 해도 좋습니다. 예를 들어 한 학급에 4인 기준 8모둠이 있다고 할 때, '발단' 부분은 1·5모둠이, '전개' 부분은 2모둠이, '위기' 부분은 4·8모둠이, '절정' 부분은 3·7모둠이, '결말' 부분은 6모둠이 맡도록 하는 식입니다.

소설로 **인형극** 만들기

_____ 학년 _____ 반 _____ 번 __________

◎ 활동 안내

- 희곡으로 바꾼 『양반전』을 인형극으로 만들어 봅시다.

◎ 인형극 만들기 모둠 활동 시 주의 사항

- 인형은 교과서에 있는 그림을 참고하되, 똑같이 그릴 필요는 없으며, 창의력을 발휘하여 만듭니다.
- 주어진 시간 내에 준비가 끝나지 않은 모둠은 방과 후 모둠별로 따로 준비합니다.
- 모둠원 간에 화합하여 같이 준비하여 공연하지 않고, 공연 중 장난을 치거나 지나치게 산만한 경우 감점합니다.
- 관람하는 태도가 나쁘고 떠드는 경우 감점합니다.

◎ '스토리보드 만들기' 모둠 활동 시 주의 사항

- 스토리보드를 구체적으로 작성합니다. 다만 인형을 너무 많이 만들 필요는 없으며, 배경이나 상황을 만들어도 좋습니다.
- 모둠원끼리 역할을 공정하게 나누고 서로 협력하여 의미 있는 활동이 되도록 합니다.
- 인형은 미술 시간에 만들고, 잘 만든 인형을 복도에 전시합니다. 공연은 스토리보드를 바탕으로 진행합니다.

◎ 스토리보드 샘플

인형 구상	대사 / 배경 등	효과음 / 기타
길바닥에 엎드려 떠는 양반 인형 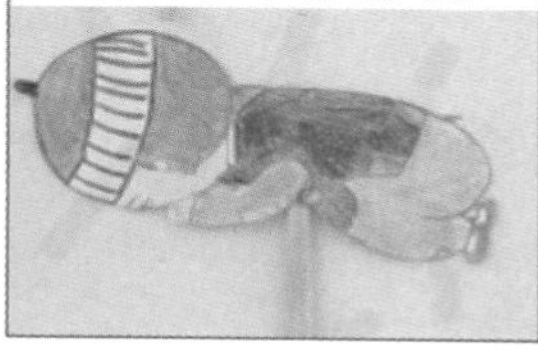	양반 : 황송하옵니다. 쇤네가 감히 일부러 이러는 것이 아닙니다. 쇤네는 스스로 양반을 팔아 환자를 갚았으니, 마을 부자가 이제 양반입니다. 쇤네가 어찌 감히 옛날처럼 양반 행세를 하겠습니까?	

◎ 인형 샘플

『양반전』 인형극 만들기 모둠 활동지		
(　)모둠 / 조원		
대본: 교과서 (　　) 부분		
인형 구상	대사 / 배경	효과음 / 기타

모든 활동이 끝나면 촬영해 놓은 동영상을 감상하면서 공연을 총평하고 정리하는 활동을 합니다. 물론 '인형극 평가 및 감상하기' 활동지는 공연 전에 나누어 주고 공연을 보며 틈틈이 작성하게 하는 것이 좋습니다. 그냥 관람하게 하면 떠들거나 장난스러운 분위기를 만들어 공연 자체를 어렵게 하는 경우도 있는데, 이 활동을 통해 다른 모둠의 공연을 집중하여 보면서 상호 평가까지 하는 효과를 얻을 수 있습니다.

인형극 만들기 활동을 수행 평가로 활용할 때는 모둠 활동과 개인 활동이 조화를 이루도록 수업을 구성합니다. 모둠 활동만 하면 일부 학생들만 열심히 하고, 나머지 학생들은 아무 것도 하지 않은 채 점수만 얻거나 그 반대의 경우가 발생합니다. 자유학기가 아닌 2, 3학년 수업에서 이 활동을 수행 평가로 활용할 때는 ① 개인별 희곡 쓰기 활동(10점), ② 모둠별 인형극 발표(5점), ③ 인형극 평가 및 감상 활동(5점) 정도로 배점하는 것이 좋습니다. 즉, ①, ③의 개인 활동이 15점, ②의 모둠 활동이 5점이 되게 하고 모둠 활동은 되도록이면 후하게 점수를 주는 것입니다.

활동지 5-4 소설로 **인형극** 만들기 1. 나를 알아 가는 글쓰기

____ 학년 ____ 반 ____ 번 __________

◎ **활동 안내**

- 『양반전』 인형극 공연을 감상하면서 평가지를 작성하여 제출합니다.

◎ **평가 기준**

- 모든 항목을 성의껏 작성하되, 작성하지 않은 항목이 있을 경우에는 감점합니다.
- 기한 내에 제출하지 않은 경우에는 감점합니다.
- 적당한 크기의 손 글씨로 알아볼 수 있도록 써야 합니다. 그렇지 않을 경우에는 감점합니다.

◎ **평가하기**

1. 모둠원 상호 평가

(1) 우리 모둠에서 다른 친구보다 정말 열심히 참여한 친구가 있나요?
(2) 그 친구가 열심히 한 점은 어떤 면인가요?

2. 모둠 활동 자체 평가

(1) 『양반전』 인형극 만들기를 하면서 우리 모둠이 특히 잘 한 부분은 어떤 점이 있나요?
(2) 『양반전』 인형극 만들기를 하면서 우리 모둠의 아쉬웠던 점은 무엇인가요?

3. 『양반전』 인형극 만들기 과정과 소감

(1) 『양반전』 인형극 만들기를 하면서 배운 점이나 좋았던 점은 무엇인가요?
(2) 『양반전』 인형극 만들기를 하면서 어려웠던 점은 무엇인가요?

- 1 -

활동지 5-4	소설로 **인형극** 만들기	1. 나를 알아 가는 글쓰기

4. <양반전> 인형극 감상 및 평가

모둠	서술식으로 작성하기				작품 평점	작품에 대한 전체적인 평가
	내용의 충실도	희곡(연극)의 특성 살리기	인형의 완성도와 창의성	연기력과 모둠의 단합 정도		
내용	소설의 내용이 충실하게 반영되었나?	해설로 내용을 설명하는 것이 아니라 대사와 동작으로 극을 진행하고 있는가?	인형의 완성도가 높으며 창의력을 발휘해 제작했는가?	장난스럽지 않게 정성껏 연기하고 있으며 모둠이 잘 단합하고 있는가?	별점 표시 (5개 만점)	인형극에 대한 전반적인 감상을 쓰고, 장점/단점을 이야기하기
예시	〈발단〉 부분에 나타난 양반과 양반 아내의 갈등을 잘 표현하고 있다.	해설하는 부분 없이 군수와 관찰사의 대화를 추가하여 사건을 극적으로 전개하고 있다.	인형을 성실히 만들었으나, 교과서에 있는 그림을 그대로 따라 그렸다. 소설에 등장하지 않는 인물이 나왔다.	중간에 잠깐 웃음이 터졌으나 곧 수습하고 성실하게 연극에 임했으며 모든 모둠원이 열심히 연기했다.	★★★★	재미있고 군더더기 없는 인형극이었는데, 특히 양반전 〈발단〉 부분의 내용에 대해 잘 이해하고 있는 것 같았다. 인물 인형만이 아니라 배경도 만들어서 더 실감나고 재미있었다. 소설에는 등장하지 않는 마을주민들이 나와 양반에 대해 소개한 점이 참신했다. 모둠원들이 사이좋게 협동하는 모습이 돋보였고 보기 좋았다.

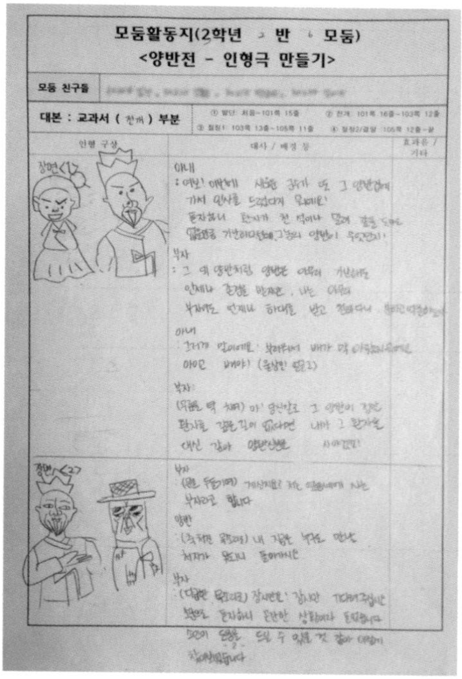

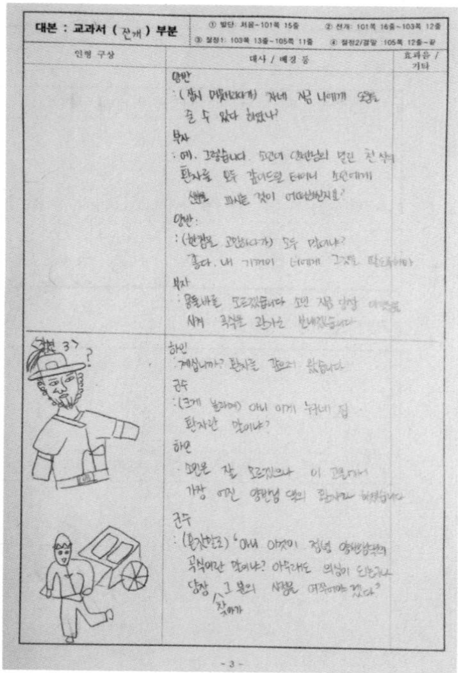

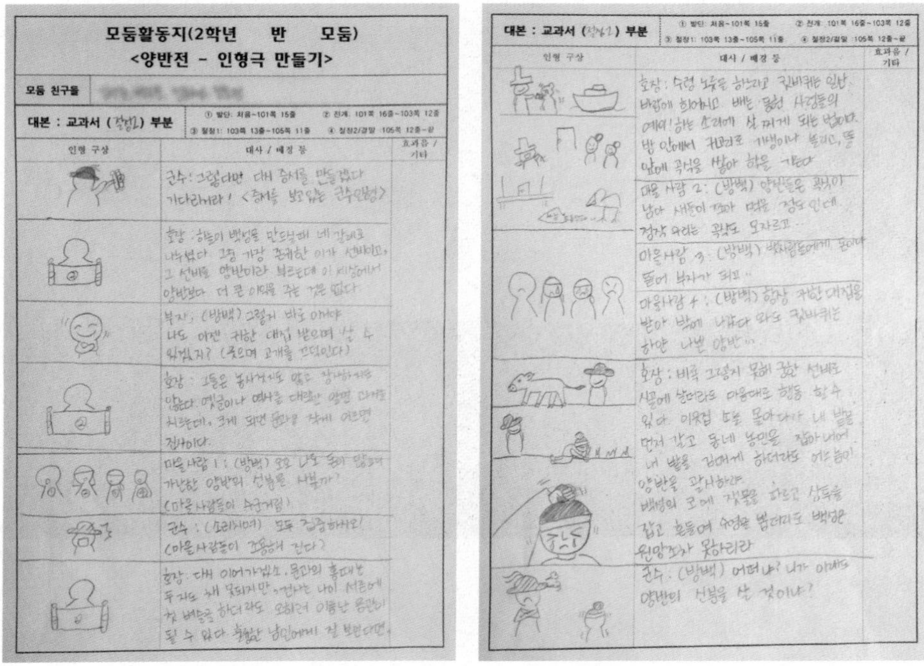

학생들이 만든 「양반전」 인형극 대본

「양반전」 인형극에 사용할 인형들

반 친구들에게 보여 주는 「양반전」 인형극

나의 표현에서 시작하는 영어 수업

짧게 정제된 문장으로 부자연스러운 대화를 기계적으로 반복하는 대신

학생들로부터 출발할 수 있는 실제적(authentic)이고 살아 있는 문장을 가지고 하는 수업

그에 관한 고민을 공유합니다.

나는 수업을 통해 나의 제자들이 어떻게 성장하기를 바라는 것인가? 분석적 문법 중심의 수업과 시험을 위한 문제 풀이 위주의 입시 영어 수업은 진정으로 학생들의 의사소통 능력을 신장시키고 교사로서 전문적인 성장을 하게 했는가? 알파벳을 모르는 학생부터 원어민 수준의 학생까지 다양한 학생들을 만나면서 수업에 관한 고민은 더 커져만 갔고, 이러한 현실 속에서 교사로서 대안적 고민을 해 보았는지 자문해 보았습니다.

2015년부터 이미 많은 학교에서 자유학기 운영을 시작했습니다. 현장의 여건을 고려하지 않은 채 급하게 들이닥치는 것 같다는 느낌을 지울 수 없지만, 거부할 수도 없는 상황이었습니다. 그렇다면 오히려 이 기회를 긍정적으로 살려 보는 것은 어떨까요? 평가와 수업 진도에 대한 부담과 억압으로부터 자유로워진 것은 비단 학생뿐만이 아닙니다. 물론 새로운 프로그램을 만들고 구성하느라 바쁘고 당황스러울 수도 있습니다. 하지만 한 학기 동안의 시간은 학생들이 자신의 배움, 꿈, 삶에 대해서 생각하게 할 뿐만 아니라 교사들도 교사로서의 수업, 삶, 꿈에 대해 충분히 성찰하고 성장할 수 있는 좋은 기회가 될 것이라 생각합니다.

앞으로 소개할 수업들은 부끄럽지만 교사로서 많이 부족한 한 영어 교사가 수업을 바꾸기 위해 노력하고 시도했던 흔적들입니다. 많은 교사들이 평소에 하고 싶었지만 할 수 없었던 수업들을 자유학기에 펼쳐 보기를 바랍니다. 다양한 도전과 시도로 학생들과 행복한 학교 생활을 해 나가길 무엇보다 바라며, 모든 학교가 입시를 떠나 교육의 본질을 향한 행복한 발걸음을 함께하길 간절히 희망해 봅니다.

Egg Drop Experiment

강의식 수업에 익숙했던 학생들에게 갑자기 자유학기가 됐으니 모둠 수업(Group Work)을 하자고 하면 학생들뿐만 아니라 교사도 우왕좌왕하기 마련입니다. 그렇기 때문에 학년 초부터 오리엔테이션 시간에 수업 방향과 함께 모둠 활동의 중요성과 수업에 임하는 자세에 대해 강조하는 것이 중요합니다.

이 수업은 동아출판사 2학년 영어 교과서에 있는 내용 일부를 10차시로 재구성하여 모둠 중심, 활동 중심으로 시도했던 수업입니다. 먼저 1~4차시에는 conversation 번역하여 완성하기, pair work로 대화 내용 익히기를 거쳐 reading 자료 모둠별로 내용 파악하기, 모둠별로 파악한 내용 공유하기, key points 문장 찾기 활동을 합니다. 5~6차시에는 유튜브에서 활동과 관련된 동영상을 보며 여러 가지 표현들을 정리하고 실험 계획서를 작성합니다. 7~8차시에는 각 모둠의 계획서에 따라 구조물을 만들고 교사와 실험 가설을 만들면서 영어 문장으로 표현해 보고 실험을 실시합니다. 9~10차시에는 실험했던 사진 및 동영상 자료를 보여 준 후 실험 보고서를 작성하여 제출합니다.

1차시 〈활동지 1-1〉을 나누어 줍니다. 그리고는 학생들이 오류를 두려워하지 않고 최대한 한국어 의미에 맞게 영작을 해 보도록 격려합니다. 예시로 제시한 대화 박스는 플로터로 크게 인쇄(약 가로 100cm× 세로 80cm)하여 칠판에 붙입니다. 영작 활동이 거의 마무리될 무렵에 각 모둠마다 한 명씩 나와서 칠판에 붙인 대화 박스에 한 문장씩 쓰고, 그렇게 영작한 이유를 간단하게 설명하게 합니다.

활동지 1-1

Egg Drop Experiment

2. 나의 표현에서 시작하는 영어 수업

Class ID: ____ Name: ____________

◎ Conversation

- Try to make sentences and complete the conversation.

Brian: Hey Subin, 좋아하는 과목이 뭐야?
Subin: 난 정말로 과학에 흥미가 있어.
Brian: 너 농담하지. It's so **(boring/bored)** for me.
Subin: Well, 너는 과학을 오직 시험(들)만을 위해 공부하잖아.
Brian: Maybe you're right. 그 대신에 난 무엇을 할 수 있을까?
Subin: 몇 가지 실험을 해봐. They're fun.
Brian: But, aren't they hard to do?
Subin: 전혀 아니야. I'm **working** on 달걀 떨어뜨리기 실험 now.
Brian: 달걀 떨어뜨리기? 그게 뭔데?
Subin: Come this way. I'll show you.

⇩

Brian: Hey Subin, ______________________________?
Subin: ______________________.
Brian: ______________. It's so **(boring/bored)** for me.
Subin: Well, ______________________________.
Brian: Maybe you're right. ______________________?
Subin: ______________________. They're fun.
Brian: But, aren't they hard **to do**?
Subin: __________.
I'm **working** on ____________________ now.
Brian: __________? ______________?
Subin: Come this way. I'll show you.

1. Does Brian like science? How does he feel about it?

____

2. What is Subin working on now?

____

2차시 학생들의 영작 결과에 대한 문법적 오류나 표현을 수정 · 보완하여 개인 활동지를 정리하도록 합니다. 남은 시간 동안 학생들이 자기 모둠 내에서 짝을 바꿔 가며 role-play를 반복해서 연습함으로써 여러 가지 표현들을 자기 것으로 만들 수 있도록 충분히 연습 시간을 줍니다. 칠판에 부착했던 결과물은 수업 후 교실의 한 쪽 벽면에 5주 정도 게시하여 학생들이 egg drop experiment 주제가 끝날 때까지 접하고 익힐 수 있도록 합니다.
각 모둠의 결과를 공유하는 시간은 다른 모둠의 의견과 생각을 경청함으로써 사고의 심화와 확대를 가져오므로 학생들에게 이러한 점을 주지시키는 것이 중요합니다. 이때 듣는 사람의 경청하는 자세를 강조하고 자유로운 질문을 허용하여 풍요로운 수업이 되도록 하는 것이 교사의 중요한 역할이라고 생각합니다.

3차시 교과서 음원이 없을 때는 교사가 전체 글을 또박또박 읽어 학생들에게 들려줍니다. 모두가 참여하는 수업이 되어야 하므로 학생 전체가 한 문장씩 돌아가면서 읽을 수 있도록 반복하여 읽게 합니다. 남은 시간 동안 모둠별로 사전을 참고하여 모둠 전원이 읽기 자료의 문장들을 읽고 의미를 말할 수 있도록 충분히 공부하고 연습하게 합니다. 시간은 학급의 학생 수준에 따라 달라질 수 있습니다. 교사는 모둠 사이를 돌아다니면서 학생들의 활동을 관찰하며 도움이 필요한지, 소외되는 학생들은 없는지 살펴야 합니다.

교사가 교과서 본문을 문법적으로 분석하면서 해석을 들려주는 방식으로 수업을 할 경우, 보통 3분의 2에 해당하는 학생들은 교사의 언어를 이해하지 못하고 '아는 척', '이해하는 척' 하고 넘어갑니다. 하지만 실제로 발표를 시켜 보면 학생들의 상황은 금방 탄로 납니다. 이 정도의 읽기 분량이면 교사는 20분 이내로 설명하고 진도를 나갈 수 있다고 생각하겠지만, 그런 방식보다는 학생들이 직접 터득하고 배우는 재미를 느낄 수 있도록 충분히 시간을 줍니다.

Egg Drop Experiment

Class ID: ______ Name: ____________

◎ **Reading**

Do you think science is boring? Here is a fun experiment for you. *The Egg Drop Experiment* is very popular in science classes. Students make a structure to hold an egg. They put the egg in the structure and drop it from a building. **When the structure hits the ground, the egg should not break.**

Students have to be very creative to keep their eggs safe. If the egg doesn't break, then the student becomes the winner. The experiment is a lot of fun. It will help you become more interested in science.

Now, let's do the egg drop experiment with your friends. Remember that **having fun is more important than winning. So, Be Creative!**

4차시 각 모둠에서 한 명씩 지명하여 2~3문장을 읽고 그 문장의 의미를 발표하여 공유하도록 합니다. 발표가 끝나면 실험에서 중요하게 여기는 내용에 해당하는 핵심 문장 2개 찾기를 통해 실험의 승부보다 창의성을 발휘하고 함께 즐기는 것이 중요함을 인지시킵니다.

5차시 수업 전에 유튜브에서 'egg drop experiment'를 검색하면 미국 과학 수업 장면부터 개인 프로젝트 과제까지 다양한 동영상을 찾을 수 있습니다. 그중에서 자신이 가르치는 학생들 수준에 알맞은 동영상 3~4개를 선정하고 즐겨찾기로 지정해 놓거나 주요 표현을 뽑아 정리해 둡니다. 예를 들면, "My parachute protected the egg from breaking. She's alive! I can't believe that the egg was alive. The egg cracked. More testing is needed. It would be preferable if I could do more testing." 등 입니다. 수업 시간에 이 동영상을 함께 시청하면서 어떤 표현들이 들렸는지 학생들에게 질문하고, 주요 표현을 정리해 줍니다. 실험이 끝나고 보고서를 작성할 때 이러한 표현들을 응용할 수 있도록 합니다.

6차시 〈활동지 1-3〉을 학생들에게 나누어 주고 egg drop experiment 순서를 영어로 익히게 합니다. 달걀을 보호하기 위한 구조물을 어떻게 창의적으로 만들 것인지 모둠 내에서 아이디어 회의를 하고 그 결과를 3번에 그림으로 표현하도록 합니다. 구조물을 만들기 위해 필요한 준비물을 확인하고 모둠원들이 나누어 준비할 수 있도록 4번에 기록합니다. 이때 구조물을 만드는 과정에서 달걀이 깨질 수 있으므로 여유 있게 2~3개 정도 준비할 것을 미리 전달합니다. 교사는 실험 계획서를 먼저 완성한 모둠부터 확인하면서 학생들 사이에 갈등은 없는지 도움이나 조언이 필요한지 살핍니다.

활동지 1-3 Egg Drop Experiment

Class ID: _____ Name: ____________

◎ Activity

- Here are the steps for the egg drop experiment.

1. Make groups of 4 students.
2. Think about the structure that you want to make.
3. Draw a picture of it and talk about how to make it.

4. Make a list of things that you need. You can use paper, tape, cloth, glue, scissors, and so on.

ex) scissors (김○○)

5. Make the structure.
6. Put the egg in the structure. (Do not use a cooked egg!)
7. Drop the structure from a building. (You should be careful.)
8. Check the eggs.
9. After the egg drop is over, write a report about your experiment.

7차시 계획서에 따라 달걀 구조물을 만듭니다. 학생들은 보통 한 차시면 충분히 만들어 냅니다. 구조물을 완성한 모둠은 스마트폰(한 모둠당 한 개)으로 구조물의 사진을 찍습니다. 사진은 출력하여 9차시 수업에 가져오도록 합니다.

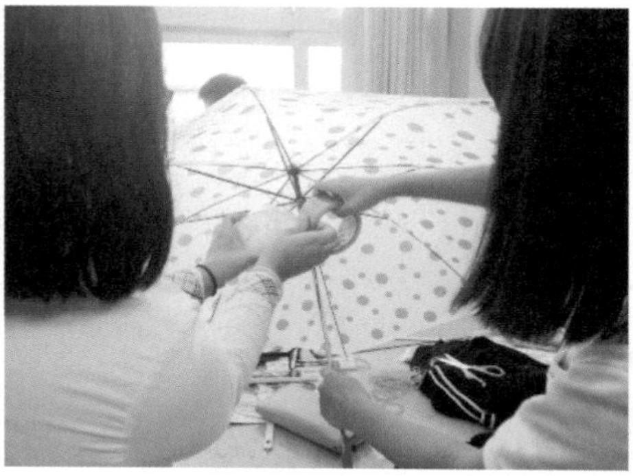

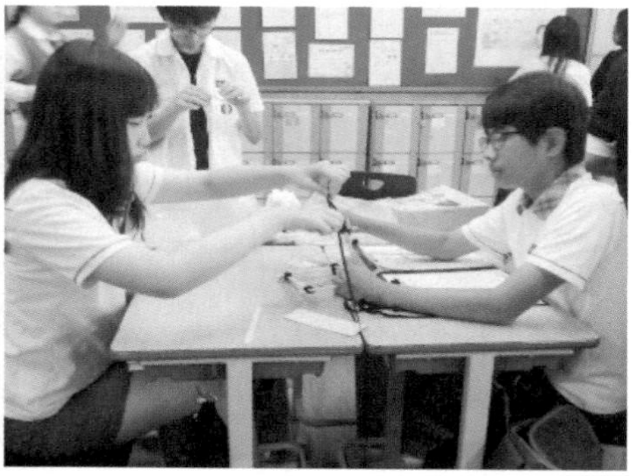

달걀을 보호하기 위한 구조물을 만들고 있는 학생들

8차시 구조물 떨어뜨리기 실험 전에 메모할 수 있도록 A4 사이즈의 실험 보고서 연습지를 학생들에게 나누어 주고 가설, 실험, 재료, 구조물 만들기 순서를 간단히 적어 보게 합니다. 학생들은 영어로 가설을 작성하기 어려워하므로 교사는 학생 전체와 'egg drop experiment' 뒤에 숨겨진 과학 키워드를 대화로 끌어내어 영작 과정을 함께 합니다. 예를 들면, "Gravity, velocity and acceleration of falling objects relate to a force on landing. If we drop an egg from a height, our parachute will keep the egg safe." 정도입니다.

Egg Drop Experiment

Class ID: ____ Name: ____________

◎ Science Report

Experiment Title		
Hypothesis (What you think)		
Materials (What you used)		
Method (What you did)	- Planning a Structure	- Making a Structure
	1. We 2. 3. 4. 5. We (　　　) the egg and (　　　) if the egg was safe.	
Result (What happened)		
Conclusion (What you found out)		

드디어 구조물 떨어뜨리기 실험을 합니다. 1차 시도로 구령대에서 모둠별로 만든 구조물을 떨어뜨리고, 2차 시도로 운동장 스탠드 계단에 서서 포물선을 그리며 던지게 합니다. 3차 시도는 3층 높이에서 떨어뜨리게 합니다. 1~3차 시도 후 구조물을 열어 달걀이 깨졌는지 확인하게 합니다.

직접 만든 달걀 구조물 떨어뜨리기 실험

달걀을 확인하는 아이들

9~10차시 제출용 실험 보고서(B4 용지)를 학생들에게 나누어 주고 실험을 촬영한 동영상 자료를 함께 보며 결과를 정리합니다. 이때 실험 보고서 양식을 다시 설명해 주고, 연습지에 적었던 내용들을 다시 정리하여 보고서를 완성하도록 합니다. 실험 재료와 계획했던 구조물 그리기, 구조물 만들기 순서는 모둠 안에서 협력하여 영어로 작성하도록 하고, 도움이 필요할 때는 교사에게 질문하게 합니다. 이때 영어 사전을 활용하면 좋습니다. 학생들은 실험 결과를 표현하는 데는 어려움을 느끼지 않지만, 실험에 대한 결론을 쓰는 데 어려움을 느끼므로 간단한 형식을 제시하여 정리할 수 있도록 합니다. 대화 활동지, 읽기 자료, 실험 보고서 등 수업에 관련된 모든 자료는 1인 1매라는 점을 주지시켜 배움의 과정에서 급우들과 협력하여 문제를 해결하지만, 자신의 배움에 대한 정리와 결과에는 스스로 책임감을 가져야 함을 강조합니다.

학생 활동 예시

Science Report

Experiment Title	Egg Drop Experiment
Hypothesis (What we think)	Gravity, velocity, acceleration from falling objects relate to a force on landing. If we drop an egg. Our structure's Parachute will keep the egg safe.
Material (What you used)	a raw egg, plastic bag, wooden chopsticks, sticky tape rubber band

Method (What you did)

<Planning a Structure>

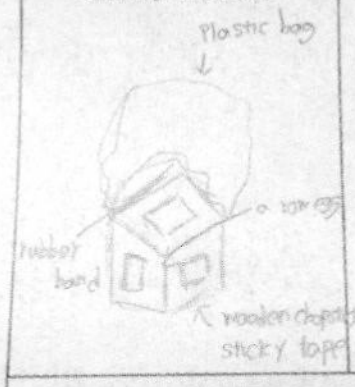

<Making a Structure>

1. We made a structure that we wanted to make
2. We glued the wooden chopsticks together.
3. We wrapped the egg with air cap
4. We made an egg house with a box. We made a parachute
5. We (checked) the egg and (structure) if the egg was safe.

Result (What happened)	The egg didn't break / The egg didn't crack The egg was safe / The egg was alive.
Conclusion (What you found out)	We were right Our structure's parachute stopped the egg breaking

Experiment Title	Egg Drop (Experiment)
Hypothesis (What we think)	Gravity, velocity, acceleration from falling object relate to a force on landing. If we drop an egg, cotton and tissue will keep the egg safe.
Material (What you used)	tissue, cotton tape, a plastic bottle, paper cups, a plastic bag

Method (What you did)

<Planning a Structure>

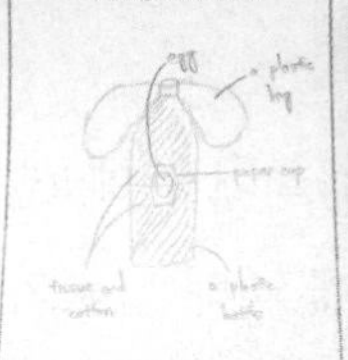

<Making a Structure>

1. We thought a structure that we wanted to make.
2. We put cotton and egg in a paper cup.
3. We put cotton and tissue in a plastic bottle.
4. We fixed the plastic bags.
5. We (dropped) the egg and (checked) if the egg was safe.

Result (What happened)	The egg broke.
Conclusion (What you found out)	We were wrong. Our structure (cotton and tissue) didn't protect the egg from breaking. More testing would be preferred.

실험 계획과 결과를 작성한 실험 보고서

Volunteer Work

이번 활동은 중학생들이 경험하는 봉사 활동이라는 주제로 수업 시간에 배운 문법 내용을 쓰기와 말하기에 적용해 보는 활동입니다. 언어적 형식과 구조를 자신의 삶과 경험의 한 부분으로 연결해 본다면 학생들의 배움에 대한 열의가 더 높아지리라 생각됩니다. 이 수업은 학생들이 나눔의 가치를 이해하고 나눌 수 있는 삶을 살길 바라는 교사의 마음에서 출발했습니다.

1차시 가장 먼저 be 동사와 일반 동사의 과거형, 특히 불규칙 변화를 하는 동사들을 익혀 보는 시간을 갖습니다. 앞면에 현재형 동사, 뒷면에는 과거형 동사를 코팅하여 만든 카드를 활용할 수도 있는데, 이는 학습지에 정리해 준 표만으로는 동사의 과거형을 익히는 데 어려움을 느끼는 학생들을 위해 만든 것입니다. be 동사의 과거형을 비롯해 불규칙하게 변하는 다양한 기본 동사들의 형태를 4인 모둠 안에서 급우들과 즐겁게 익힐 수 있습니다. 학생들이 모둠에서 여러 가지 동사를 익히는 동안 선행 학습을 한 학생들로 인해서 처음 접하는 학생들이 위축되는 경우가 있으므로 교사는 잘 살피고 서로 협력하여 배울 수 있도록 조언하는 것이 좋습니다.

2차시 이번에는 비교급과 최상급 표현을 예문과 함께 익힙니다. 교사가 아무리 쉽게 설명해도 비교급과 최상급에 대해 감조차 잡을 수 없는 학생들이 있기 마련입니다. 『The Big Bigger Biggest Book』은 그런 학생들이 소외되지 않고 수업을 따라올 수 있게 하는 방법이 없을까 고민하다가 찾은 책입니다. 신기하게도 비교급과 최상급을 이해하기 어려워하던 학생들이 이 책을 보고 나면 교사의 별다른 설명 없이도 이해하는 모습을 발견할 수 있었습니다.

동사의 현재형과 과거형을 적어 놓은 카드

형용사의 비교급과 최상급을 쉽게 익힐 수 있는 『The Big Bigger Biggest Book』(Sami, 문진미디어)의

동사의 과거형과 비교급, 최상급을 이미 배웠다면 2차시 정도는 알고 있는 내용을 복습하는 시간으로 갖는 것도 좋습니다. 이 수업과 관련된 문법을 잘 알고 있는 학생이라 할지라도 막상 그래프를 설명하기 위해 영작을 해 보면 학생들은 당황하면서 막막해 할 수 있기 때문입니다. 유튜브에서 'irregular verb song'을 검색하면 애니메이션이나 원어민 강사의 수업 장면 등이 나오는데, 이를 활용하여 동사의 과거형을 랩(rap)으로 만들어 보는 활동도 단순 반복으로 인한 지루함 대신 즐거움을 줄 수 있습니다. 언어의 구조를 언어로 설명하는 것은 학생들이 이해하기에는 추상적이면서 어려운 일입니다. 교사는 45분 동안 문법을 논리적으로 명료하게 설명하여 학생들 모두가 내용을 이해했다고 스스로 만족할 수 있을지도 모르겠습니다. 하지만 학생들의 침묵이 이해했다는 뜻은 아닙니다. 문법적 지식을 주입시키느라 학생들이 실제로 말하고 쓰는 표현 능력을 기르지 못하고 있는지 항상 염두에 두어야 합니다.

3차시 봉사 활동 설문지를 작성하기 전에 봉사 활동에 대한 사전 지식과 개인의 봉사 활동 경험 등을 급우들과 함께 나누어 보는 시간입니다. 영어 교과서, 잡지 「월드비전(World Vision)」이나 「세이브 더 칠드런(Save The Children)」에서 인용하여 만든 파워포인트 자료를 이용하여 봉사 활동의 의미를 영어로 표현해 보고, 봉사 활동 단체와 학생들이 할 수 있는 봉사 활동 유형에 대해서 이야기 나누는 시간을 갖습니다. 교사가 주도하는 수업이므로 자칫 학생들의 의견을 경청하는 시간이 짧아질 수도 있으니 학생들과 대화하면서 참여를 유도하고, 수업을 이끌어가는 것이 중요합니다. 교사가 학생들의 작은 반응이나 이야기에 귀 기울이고 존중할 때 학생들의 표현은 더 적극적이고 활발해집니다. 또한 교사의 경험을 들려주는 것도 수업에 대한 학생들의 흥미를 돋우는 데에 효과적입니다. 실제로 동남아시아나 아프리카 아이들을 후원하는 교사의 경험을 들려줄 때 더 집중하는 모습을 보이기도 했습니다.

Volunteer Work

- Work you want to do in order to help others without getting money
- It can give you happiness when you give happiness to others.
- Many volunteers work in the areas such as medicine, education or emergency rescue.

What kind of groups help others?

- **Doctors Without Borders**: Helps sick people in poor countries.
- **UNICEF**: Gives food to hungry children and helps them go to school.
- **World Vision**: helps sick people supports poor children.
- **Save the Children**: The children can drink clean water with others' help.

영어로 표현한 봉사 활동의 의미와 관련 단체에 관한 파워포인트 예시 자료

4차시 기본 어휘를 익혔다면 4차시에서 〈활동지 2-1〉의 질문을 이해하는 데에 별다른 어려움은 없을 것입니다. 질문이 모두 과거형이므로 특히 서술형에 답할 때 시제에 유의하여 영작할 수 있도록 지도합니다. 개별적으로 설문에 답할 수 있도록 시간을 15분 정도 줍니다. 이때 문장의 의미 및 어휘 등을 서로 물어보고 도와줄 수 있도록 4인 모둠 배치로 앉게 합니다.

개인 설문 응답이 끝나면 질문 5번에 대해서 간단히 느낌을 공유하는 시간을 15분 정도 가집니다. 교사는 몇 명의 학생들을 지정하여 봉사 활동을 하고 나서 들었던 감정을 어떻게 표현했는지 발표하고 칠판에 써 보도록 합니다. 그래프로 나타내는 부분은 질문 2번과 3번에 해당하며, 질문 2번에서 가장 많이 한 혹은 가장 기억에 남는 봉사 활동 한 가지만을 선택하게 하는데, 이는 통계의 편리함을 위한 것입니다. 질문 2번은 자신의 모둠원 4명 외에도 다른 모둠원 16명에게 영어로 질문하고 답을 얻습니다. 총 20명을 조사하여 설문지에 바를 정(正)자로 표시하게 합니다. 학급 전원에 대한 조사가 이루어지면 좋겠지만, 시간을 고려하여 정합니다. 질문 3번은 자신을 포함한 6명에게 영어로 질문하고 답을 얻는데 이때 급우들의 이름과 봉사 활동 횟수를 질문 아래에 기록하게 합니다.

교실 안을 돌아다니며 질문하는 학생들의 소란스러움을 걱정하는 교사들이 많으리라 예상됩니다. 하지만 교실 활동에서 존중과 경청을 늘 강조하고 실천한다면, 아이들은 적절한 태도로 활동에 임할 것입니다. 학생들을 통제하려는 교사의 욕구를 내려놓는다면 더 행복한 수업이 될 것이라 생각합니다.

Volunteer Work

Class ID: ____ Name: ____________

◎ **Questionnaire**

- Complete the following questionnaire.

1. Did you do any volunteer work?

Yes ☐ No ☐ → why not? ____________________

2. What kind of volunteer work did you do? (Choose one.)

Cleaning	☐	Campaigning	☐
Giving food	☐	Donating money	☐
Arranging books	☐	Making a mural	☐
Disaster relief	☐	Taking care of sick	☐
Others	☐	(disabled) people	☐

3. If so, how many times did you do it?

1~2 ☐ 3~5 ☐ 6~10 ☐ 11~14 ☐ more than 15 times ☐

4. When did you do it?

After school ☐ over the weekend ☐ during my vacation ☐

5. How did you feel after doing the volunteer work?

---

6. What kinds of groups help others? Write down the names of more than 3 groups.

5차시 이번 차시에서는 설문지의 결과를 토대로 백분율 계산을 하여 봉사 활동 유형에 따른 봉사 활동 횟수의 비율을 원그래프로 표현해 보겠습니다. 범주의 항목이 활동지에 그려진 것보다 많다면 박스 아래에 범주를 추가하여 기록하도록 하고, 봉사 활동 유형에 따라 색깔을 달리하며 표현할 수 있도록 모둠별로 12색 사인펜과 색연필을 준비합니다. 사인펜과 색연필을 교과 물품으로 관리할 수 있다면 수업에 필요할 때마다 아이들의 준비 상태와 무관하게 사용할 수 있어서 편리할 것입니다. 원그래프와 막대그래프를 완성한 후, 나누어 준 4절 켄트지 앞·뒷면에 각각 붙이고 제목과 이름을 써서 제출하도록 합니다. 〈활동지 2-2〉, 〈활동지 2-3〉의 사이즈는 2장 모두 A4, 가로 출력이며 '차트 설명하기' 활동 후에 문장을 켄트지에 작성하여 제출할 예정이므로 두 개의 차트를 양면 상단에 붙여 아래 여백을 남겨 두도록 합니다.

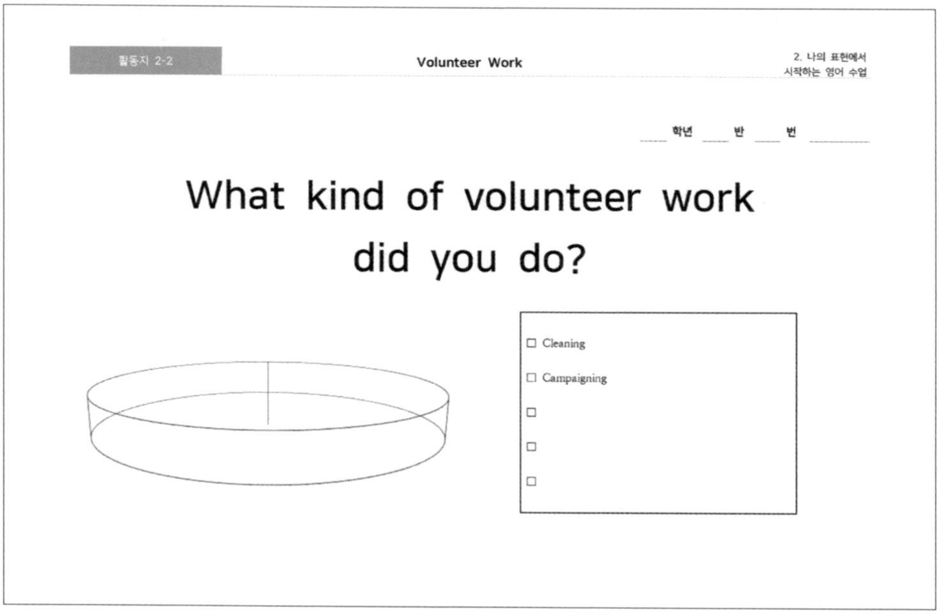
활동지 2-2

Volunteer Work

2. 나의 표현에서 시작하는 영어 수업

___ 학년 ___ 반 ___ 번 ______

What kind of volunteer work did you do?

□ Cleaning
□ Campaigning
□
□
□

활동지 2-3 | Volunteer Work | 2. 나의 표현에서 시작하는 영어 수업

___ 학년 ___ 반 ___ 번 ________

How many times did you do volunteer work?

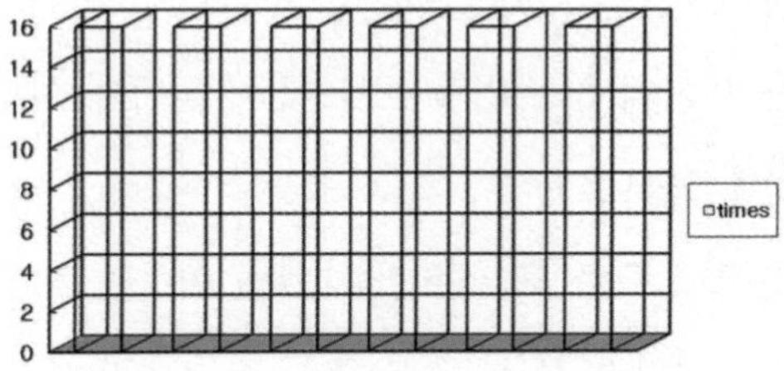

학생들이 그래프를 그리는 모습을 관찰하다 보면 여러 가지 모습을 발견할 수 있습니다. 원그래프 모양을 해당 비율에 맞게 어떻게 나눌지 전혀 감을 잡지 못하는 학생부터 입체로 완벽하게 표현하는 학생까지 다양합니다. 실제로 학생 중심의 활동을 하다 보면 많은 것을 발견하고 깨닫습니다. 백분위 계산이 안 되는 학생이 수학 시간 내내 얼마나 답답할까하는 측은함이 들 때도 있고, 영어는 잘 못하지만 누구보다 심혈을 기울이며 그래프를 멋지게 완성하는 학생들이 고맙고 기특하다는 생각이 들 때도 있습니다. 이제껏 학생의 입장은 완전히 무시한 채 교과서 진도에 얽매여 교사 혼자 앞만 보고 달려왔던 것은 아니었을지, 교사 혼자 달리는 것이 누구를 위한 수업인지, 진정한 교사의 역할이 무엇인지 되돌아볼 수 있는 기회였습니다.

6차시 이번에 할 영작 활동에서는 창의력이 아닌, 언어를 모방하여 사용하는 능력이 필요합니다. 아래와 같은 작성 예시를 〈활동지 2-4〉와 함께 나누어 주고, 예시를 통하여 차트를 어떻게 설명해야 할지 안내하여 동사의 과거 시제와 최상급, 필요하다면 비교급까지 사용할 수 있도록 합니다. 영작에 어려움을 많이 느끼는 학생일지라도 다른 친구들이 적어 놓은 문장들을 보면서 배우고, 자신의 생각과 동일한 문장을 골라 쓸 수 있는 편안한 분위기를 만드는 것이 중요합니다. 7차시에는 자신의 차트만을 보고 친구들에게 설명할 수 있어야 하므로 발표 준비에 대해 예고합니다.

앞서 1차시부터 4인 1조로 모둠을 배치했던 이유는 모둠이 하나의 결과를 얻기 위한 것이 아니라 언제든지 서로 묻고 도움을 청할 수 있는 분위기를 만들기 위해서였습니다. 1학기 초 모둠 활동을 할 때에는 모르는 것이 있으면 질문하는 것이 중요하다는 교사의 말에 학생들의 손은 계속해서 올라가고, 모둠 활동하는 내내 질문에 대답해 주느라 온 교실을 돌아다니며 정신 없었던 것이 사실입니다. 그러나 2학기에 접어들면서 학생들은 자신의 과제에 집중했고, 꼭 필요한 질문을 하면서 스스로 완성하려고 노력하는 모습을 보여 주었습니다. 교실 안에 앉아 있는 모든 학생들이 예문을 보면서 자신의 그래프에 대한 설명을 열심히 쓰고 있는 모습에 꽤 감동받기도 했습니다. 묻고 배우며 교사에게, 급우들에게 의존하다가 서서히 독립적으로 배우고 능동적으로 활동을 해내는 이 모습이 진정한 배움의 과정, 성장의 과정이 아닐까 생각합니다.

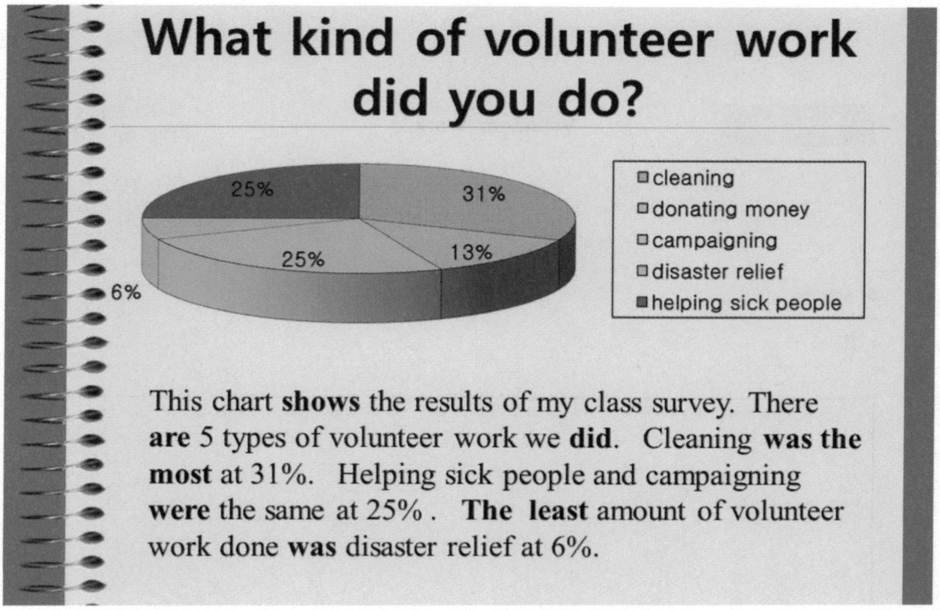

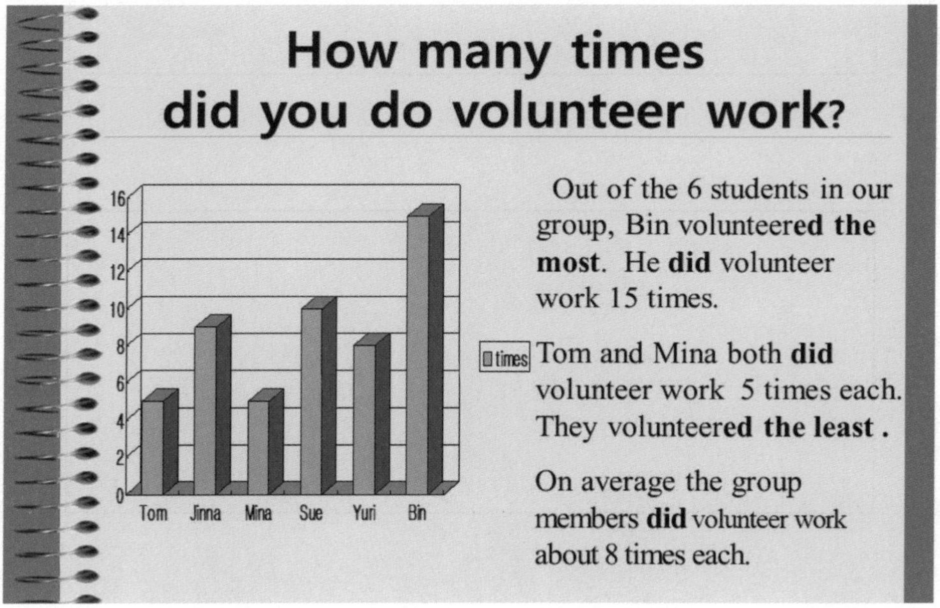

봉사 활동 유형에 따른 비율과 횟수를 나타낸 차트 예시

활동지 2-4

Volunteer Work

2. 나의 표현에서 시작하는 영어 수업

Class ID: ____ Name: ____________

◎ Activity

1. The Pie Chart

2. The Bar Graph

7~8차시 활동을 마무리하는 시간입니다. 전체 학생들이 발표할 수 있도록 2차시로 구성하여 시간을 충분히 확보하고, 말하기 수행 평가에 반영합니다. 학년 초부터 전원이 발표하는 것을 원칙으로 하다 보면 학생들은 으레 모두가 하는 것으로 여기게 될 것입니다. 자유학기로 인해 시간적 압박도 없으니 시간을 잘 활용하여 개개인 모두가 성장하는 기회가 되면 좋겠습니다. 두 가지 차트에 관한 설명이 모두 끝난 후, 5차시에 그린 차트 아래에 발표 내용을 다시 기록하여 제출하도록 했고, 그 결과물은 쓰기 수행 평가에도 반영합니다. 아래 사진 자료는 2학년 학생을 대상으로 문장 형태의 수준을 2학년 문법 교육과정에 맞게 현재 완료와 비교급을 이용하여 영작한 것으로, 쓰기 활동은 해당 학년에 가르쳐야 할 내용을 중심으로 변형도 가능합니다.

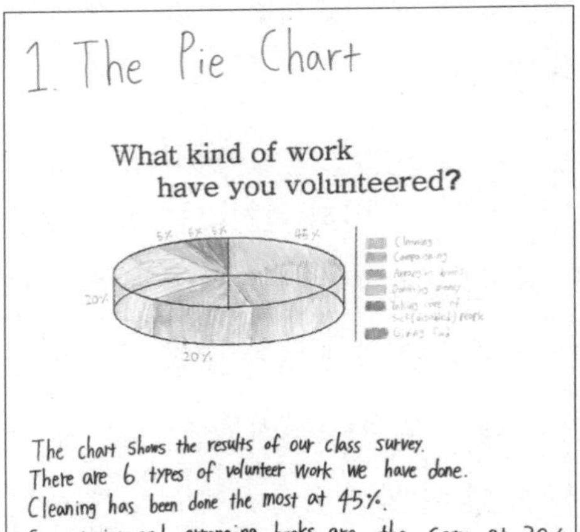

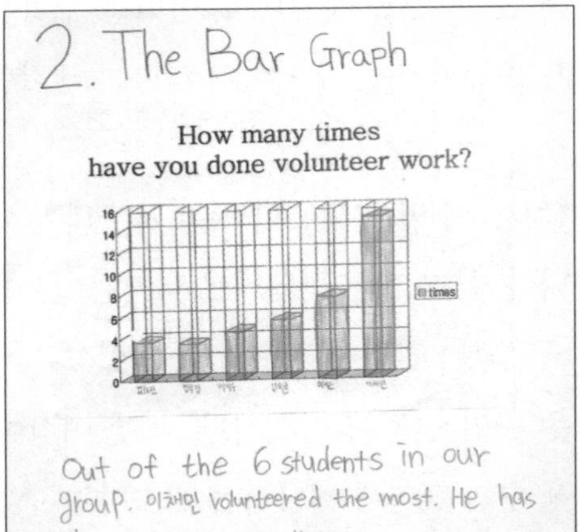

봉사 활동 그래프 설명하기 활동 결과물 예시

Picture Book을 이용한 수업

이 수업에 활용한 『아낌없이 주는 나무(The Giving Tree)』는 1964년에 출판된 이래로 많은 사람들에게 사랑받아 온 책으로 채색되지 않은 간결한 그림만으로도 이해가 잘 되는 그림책입니다. 더구나 그림책의 문장은 지나치게 함축적이지 않고, 어려운 어휘도 없어 우리나라 중학교 1학년 학생이면 충분히 읽어 낼 수 있는 수준이기도 합니다. 하지만 무엇보다 이 책을 선정한 이유는 우리가 살아가면서 다양하게 맺게 되는 '관계'에 관해 학생들과 이야기하고 싶었기 때문입니다. 학생들은 주로 나무와 아이와의 관계를 부모와 자식의 관계에 빗대어 의견을 제시했지만 더 확장해서 생각해 본다면 친구 관계, 형제 관계, 교사와 학생 관계 등 우리가 맺고 있는 다양한 관계에 대해 생각할 거리를 제공해 줄 수 있을 것입니다. 이러한 수업이 아이들의 삶과 연계된 수업 그리고 교사가 해야 하는 수업이지 않을까 생각합니다.

1차시 수업에 사용할 책은 자유학기 이전인 1학기에 미리 신청하는 것이 좋습니다. 학교 도서 구입비로 도서관에서 책을 구입할 때 미리 신청하여 한 학급에 해당되는 권수만큼 구입할 수 있도록 합니다. 학급당 학생 수가 30명 미만인 경우 구입 신청이 쉽겠지만, 40명 이상이라면 예산 문제로 어려울 수 있으니 학생 수의 50%에 해당하는 권수만큼 구입하여 2명이 함께 공유하여 보도록 하는 방법도 있습니다.

첫 시간에 책을 나누어 주고 책 표지를 보면서 간단하게 책 제목과 작가에 관해 먼저 이야기를 나누어 봅니다. 학생들은 초등학교 때 한국어판으로 읽은 경험을 이야기하면서 의욕을 보이는데, 이때 교사는 학생들의 경험을 수업과 연결하여 학생들이 기억하고 있는 책의 내용이 영어로는 어떻게 표현하고 있는지 원서로 읽어 보자고 유도합니다. 교사가 이야기 상황과 느낌을 살려 책을 실감나게 읽어 주고 학생들은 경청하게 합니다. 동화 구연하듯 읽어 주는 것이 처음부터 쉽지는 않겠지만 교사의 목소리 톤 변화에 따라 학생들은 더 집중하고 경청할 수 있습니다. 또한 학생들이 짝과 함께 한 문장 한 문장 나누어 읽기를 하면서 내용을 전체적으로 파악할 시간을 주어야 합니다.

다음은 〈활동지 3-1〉의 문제 1번에 자신이 가장 좋아하는 문장을 찾아 쓰도록 하는데, 정답이 없기 때문에 학생들은 편안한 마음으로 열심히 찾아 쓸 것입니다. 몇 명의 학생들이 쓴 문장을 공유하고 그 문장을 좋아하는 이유도 잠깐 들어 보면 좋습니다.

이제 4인 모둠을 만들어 책을 읽으면서 문제 2번과 3번을 협력하여 해결하도록 합니다. 학생들이 문제를 해결하는 동안 교사는 칠판에 문제 2번과 3번을 쓰고 모둠을 표시하여 모둠별로 해결한 결과를 앞으로 나와 칠판에 쓰도록 합니다. 대부분의 모둠이 문제를 해결했을 때쯤, 교사는 학생들이 칠판에 작성한 내용을 전체 학생들과 공유하는 시간을 갖습니다. 이때 교사는 질문과 대화를 통해 자연스럽게 학생들의 생각을 이끌어 내야 합니다. 마지막 challenge 문제는 각자가 생각해 보고 답을 문장으로 써 보게 합니다. 시간이 충분하다면 함께 공유하는 것이 좋지만, 만일 그렇지 않을 경우에는 활동지를 제출하도록 하여 학생들이 어떠한 생각을 가지고 있는지 살펴볼 수도 있습니다.

활동지 3-1

『Giving Tree』

2. 나의 표현에서 시작하는 영어 수업

Class ID: ____ Name: ____________

Title: ______________________ Writer: ______________________

◎ Post-reading

1. What is your favorite or most memorable sentence?

____

2. How did the tree and the boy spend time together?

①
②
③
④

3. What did the tree give him as time went by?

The boy wants~	The tree gives~	The tree's feelings

◎ Challenge!

Q. What do you want from your parents now?

2차시 나무가 소년을 사랑하는 방식에 관해 생각하면서 다시 책을 읽어 보는 시간입니다. 소년에게 자신이 가지고 있는 모든 것을 아낌없이 주는 나무의 사랑 방식에 대해 어떻게 생각하는지, 왜 그렇게 생각하는지 활동지에 작성하도록 하고, 동의할 경우에는 "I agree.", 동의하지 않을 경우에는 "I don't agree."를 쓰게 합니다. 자신의 의견에 대한 이유는 우리말로 쓰도록 하고 영어로 쓸 수 있는 학생은 영어로 써 보도록 선택의 여지를 줍니다. 4인 모둠을 만들고 모둠원들이 돌아가면서 개인의 생각과 이유를 말하여 의견을 나누도록 하는데, 교사는 모둠 활동이 원활하게 진행되는지 살피면서 발표용 소형 화이트보드와 마커를 한 모둠에 하나씩 나누어 줍니다.

모둠 토론이 끝나면 모둠별로 자기 모둠의 대표 의견을 화이트보드에 영어로 쓰고 발표를 준비합니다. 교사는 찬성 또는 반대 의견의 그룹을 나누고 각각의 의견을 주고받을 수 있도록 진행합니다. 의견 발표가 끝난 뒤에 교사는 학생들이 쓴 문장들의 오류를 수정해 주면서 동의하는 의견과 반대하는 의견들의 공통점들을 모아 몇 개의 문장으로 정리합니다. 사고를 확장시키고 생각의 유연함을 키우기 위해 자신의 생각, 모둠의 생각, 타 모둠의 반대 의견 등을 경청하고 영어로 정리할 수 있도록 하고, 마지막 결론 쓰기 활동에서 자신의 생각을 4~5문장 정도로 정리하여 주장하는 짧은 글을 쓸 수 있도록 지도합니다.

참고로 학생들은 동의하는 의견으로 "That's the way parents love their kids. I think it's like an instinct. I think the tree did her best to love the boy.", 반대하는 의견으로 "The tree should have changed the way she loved the boy as he grew up. She could have just helped him to be independent." 등의 답을 적어 냈습니다.

활동지 3-2 『Giving Tree』 2. 나의 표현에서 시작하는 영어 수업

Class ID: ______ Name: ______________

Title: ______________________________ Writer: ______________________________

◎ Discussion

Q. What do you think about the way the tree loves the boy? Do you agree or disagree with it?

Your Idea	
Why? (in Korean)	
My group's Idea	
Why? (in English)	
Other group's Idea	
Why? (in English)	
My Conclusion:	

3차시 색깔이 다른 두 가지의 포스트잇을 각각 1장씩 개인별로 나누어 줍니다. 자신이 가지고 있는 모든 것을 소년에게 준 나무에게 혹은 항상 필요할 때마다 나무의 도움을 받은 그 소년에게 짧은 편지나 메시지를 쓰게 하는데, 이 글의 마지막 부분에 대해서 언급해도 좋고, 이 이야기 전체에 대한 자신의 느낌이나 생각을 써도 좋습니다.

〈활동지 3-3〉의 두 가지 그림을 플로터로 크게(가로 60cm×세로 80cm) 인쇄하여 칠판에 붙인 후, 학생들이 직접 포스트잇을 가지고 나와 각각 해당하는 대상에게 붙이도록 합니다. 그러면 교사는 공유할 만한 편지들을 골라 읽어 주고 여러 학생들의 느낌과 생각을 전체 학생들과 공유합니다. 공유한 내용 중에 보충하고 싶거나 도움이 될 만한 문장들은 자신의 활동지에 추가로 정리하여 제출할 수 있도록 합니다.

포스트잇에 쓰기 전에 활동지에 먼저 쓰면서 연습하는 것이 좋습니다. 교사는 학생들이 영어 문장의 문법적인 오류에 집착하지 않고, 자신이 표현할 수 있는 능력 안에서 영어로 자신의 느낌이나 생각을 표현해 보도록 격려해야 합니다. 모둠으로 자리를 배치하여 서로 도움을 주고받을 수 있으면 더욱 좋으며 영어 사전을 참고하거나 노트북을 연결하여 필요한 표현들을 스스로 검색하고 고민해 볼 수 있도록 도움을 주는 것도 중요합니다.

『Giving Tree』

Class ID: ______ Name: ______________

Title: ______________________________ Writer: ______________________________

◎ Activity

- Read the story again.
- Let's write a short letter or message to the tree or the boy. You can write about the last scene or your feelings about. You can console them.

4~5차시 이제 조그마한 책을 만들기 위하여 내용을 요약하는 기초 작업을 할 차례입니다. 6쪽 분량의 책으로 각 쪽당 적어도 2문장(과거 시제) 이상으로 요약할 수 있도록 합니다. 〈활동지 3-4〉에서 각 쪽에 해당하는 그림은 그릴 필요가 없으며 간단하게 어떤 그림을 넣을지 메모 정도만 하도록 하면 됩니다.

처음에는 4차시 한 시간만을 계획했으나 의외로 학생들이 요약하는 것을 어려워해서 5차시까지 시간을 넉넉히 주는 것으로 계획을 수정해야 했습니다. 자신이 가르치는 학생들의 영어 수준이나 학급 구성원의 영어 수준에 따라 수업 차시는 융통성을 가지고 계획하면 될 것 같습니다. "우리말로 된 책을 읽고 요약하는 것도 어려운데 영어로 요약하는 것은 말도 안 되는 과제다."라고 불평하는 학생들도 있었지만 이야기를 요약하기 위해서 책을 읽고 또 읽고, 살피고 또 살피는 학생들의 모습을 보면서 이것이 학생들에게 필요한 배움의 과정이 아닐까 하는 생각이 들었습니다.

활동지 3-4

『Giving Tree』

Class ID: _____ Name: ____________

Title: ____________________ Writer: ____________________

◎ **Activity**

- Let's summarize the story before we make a storybook! Write at least two sentences for each page.

Page1	Page2
Page3	Page4
Page5	Page6

6차시 먼저 B4 용지를 학급 인원만큼 준비하여 나누어 줍니다. B4 용지를 8등분 되도록 접었다가 다시 펼쳐 중앙 가로선 두 칸을 가위질 한 후 아래 사진처럼 접으면 됩니다. 모둠별로 12색 사인펜과 색연필을 나누어 주고 함께 쓰도록 하고, 각 페이지 아랫부분에 페이지 번호 1~6까지 표시하도록 한 후, 앞표지와 뒤표지를 디자인하여 그리도록 합니다.

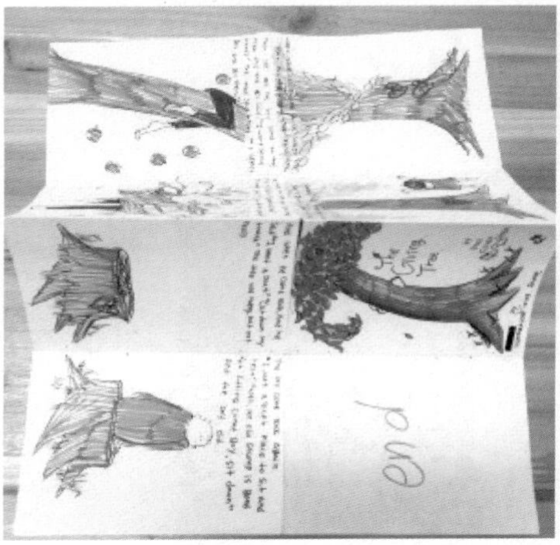

8등분 하여 접은 B4 용지

중앙 가로선을 가위질로 오리기

7~8차시 4~5차시에서 요약한 내용을 바탕으로 6쪽 분량의 조그만 책을 만들어 봅니다. 각 쪽에 해당하는 그림을 내용에 맞게 그리도록 하는데, 이때 영어 문장을 써 놓을 공간을 예측하여 그림을 그리게 합니다. 학생들이 그림으로 표현하는 동안 교사는 학생들이 요약한 문장들의 오류를 점검합니다. 그림을 그리다가 실수를 하거나 그림을 수정하고 싶어 할 때 시간과 물자를 아끼기 위해서 종이를 덧대어 수정하도록 합니다. 수업 말미에는 자신이 만든 그림책 내용을 가지고 9~10차시에 친구들에게 스토리텔링을 할 수 있도록 다음 차시에 관해 예고해야 합니다.

영어 문장으로 요약한 『The Giving Tree』의 장면들

완성된 『The Giving Tree』 그림책

9~10차시 발표하는 학생은 그림책을 교사에게 건네주고 교탁 앞에 서서 급우들에게 스토리텔링을 하도록 했는데, 실제로 말하기 수행 평가에 반영했기 때문에 긴장된 분위기 속에서 이루어졌습니다. 모든 학급의 발표가 끝난 후 학교 계단 게시판에 가능한 많은 학생들의 작품을 게시해 주었고, 학생들이 주인공들에게 썼던 짧은 편지들도 함께 게시하여 많은 학생들이 공유할 수 있는 기회를 가졌습니다. 평소에 내성적이면서 말이 없었던 친구가 침착하면서도 또박또박한 목소리로 스토리텔링을 하는 모습을 보고, 이야기가 끝난 순간 모든 친구들이 격려의 박수를 보냈던 가슴 뭉클한 추억이 떠오르기도 합니다. 이처럼 그림책 수업은 교사의 아이디어만 풍부하다면 어떤 활동이든 접목시킬 수 있으며, 아이들뿐만 아니라 교사에게도 삶의 가치를 되돌아보고 배워 나갈 수 있는 좋은 내용들이 많은 수업입니다. 또한 정제되어 있는 교과서 속 단어들만 접해 낯선 단어를 두려워하던 아이들이 점차 낯선 단어들을 어렵지 않게 받아들이고, 문맥 속에서 혹은 그림을 통해서 단어의 의미를 추측해 보는 모습을 볼 수 있습니다. 또한 아이들이 실제로 살아 있는 문장들을 접하는 것에 대한 두려

움을 서서히 극복하는 모습을 느낄 수 있습니다.

매시간 그림책 수업을 위해 이 책 저 책을 뒤적거리고 도서관과 인터넷을 기웃거립니다. 나 자신이 입시 교육과 주입식 교육의 산물이기 때문에 교사 자신이 받아 보지 못했던 수업을 준비할 때면 항상 어설프고 부족한 스스로를 느낄 수밖에 없습니다. 그래서 수업 준비를 할 때마다 아이디어를 떠올리고, 활동지로 만들어 내기까지 한 권의 그림책을 수십 번 반복하여 기꺼이 읽어 냅니다. 자유학기인 한 학기 동안 무엇을 가지고 수업을 할지 고민하는 선생님들에게 혹은 그림책을 가지고 수업해 보고 싶은 선생님들에게 조금이라도 도움됐으면 합니다.

계단 게시판에 전시한 학생들의 그림책

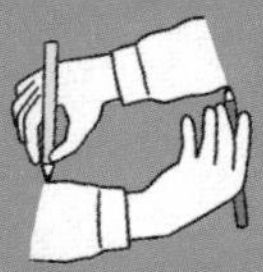

경험으로 탐구하는 기하학

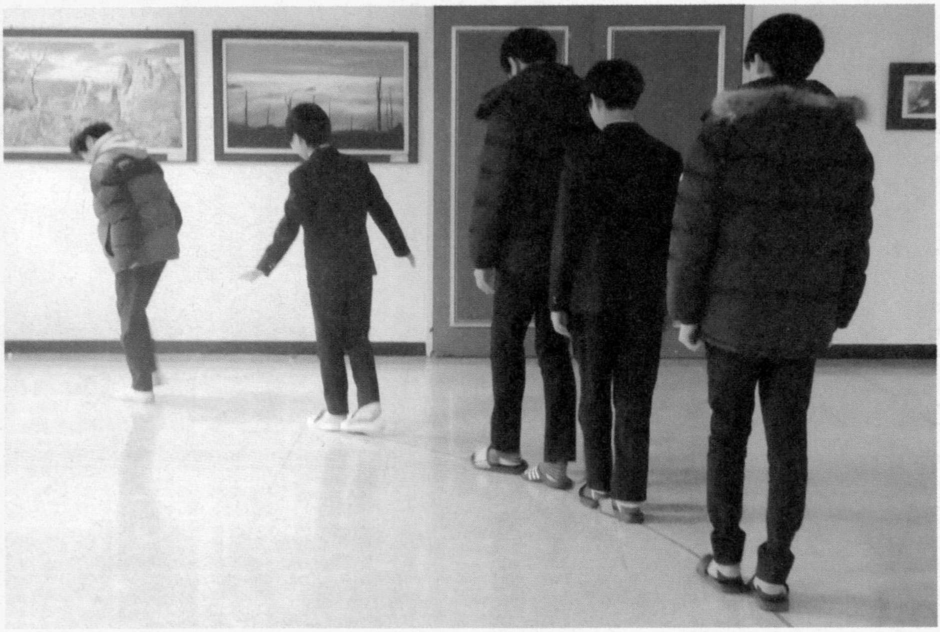

자기 땅을 되찾기 위해 나일강 범람 후에 땅의 넓이를 재야 했던

고대 이집트 나일강 변의 사람들

이 사람들이 땅(geo)을 재기(metry) 위해 개발한 다양한 수학적 방법들

우리도 공식의 증명이 아니라 경험으로 수학을 배워 보자.

우리의 수학과 교육과정에서 기하학은 주변 사물의 관찰과 추상화라는 기하학 본연의 의의가 무색하게 선험적으로 제시된 몇 가지 공식의 증명을 암기하거나, 그 공식을 이용하여 길이나 각도 등의 수치 계산에만 집중하는 모습을 보이고 있는 것이 현실입니다. 그러나 자유학기의 시행으로 시험에 나오는 유형에 대한 것이 아닌, 수학의 본질에 맞는 의문을 가지고 이를 탐구하는 방향으로 수업을 할 수 있는 기회가 주어졌습니다. 거창하지만 인류의 역사에서 수학이 차지했던 위대함을 맛보며 흠뻑 빠져들 수 있는 수업을 시도할 수 있게 됐습니다.

이 취지와는 별개로 이미 진행된 수학 교과 수업을 살펴보면 교과 수업은 지금까지와 같은 방식으로 진행하고 '주제 선택' 수업에 체험, 게임 등을 도입하는 것으로 이해하는 교사들이 간혹 있습니다. 물론, 놀이와 체험의 중요성과 효과를 폄하하는 것은 아닙니다. 그보다는 수학 교과를 통째로 재구성하여 '놀'면서 '수학' 할 수 있는 기회가 자유학기 수업이라는 것입니다.

이에 평소 의심 없이 받아들였던 기하학적 사고의 틀을 바닥 단계에서부터 다시 탐구하는 과정을 통해 학생들이 주위 사물을 수학적으로 사고하며 분석할 수 있음을 알게 하려는 취지에서 수업을 기획했습니다. 또한, 이 수업을 통해 수학이란 선험적인 것이 아니라 천체를 관찰하여 달력을 만들고, 땅을 측량하여 밭을 만드는 등 사람들의 경험에서부터 추출된 것임을 깨닫고, 학생들이 자기 활동의 의미를 느낄 수 있도록 구성했습니다. 각종 수학 용어는 연역적으로 설명하고 시작하는 것이 아니라 문제 해결 과정에서 필요한 시점에 도입하여 수업이 주제에 맞는 흐름을 가지고 진행될 수 있도록 했습니다.

입체 도형 단원은 이미 많은 활동이 실천되고 있고, 또한 '구'의 겉넓이와 부피를 구하는 활동은 어떤 식으로 접근하든 중학교 1학년 수준에서는 직관적으로 받아들이는 것이 필요하기에 이번에는 소개하지 않았음을 밝힙니다.

한 바퀴는 왜 360°인가?

1차시 한 바퀴를 왜 360°로 정했는지 다양한 관점으로 생각해 보도록 하고, 이를 수렴하는 과정에서 각의 표현과 평각, 직각 등의 개념을 정리합니다. 활동지 1번을 모둠별로 해결하고, 모둠별로 한 가지씩 타당하다고 생각하는 이유를 발표하여 이를 학급 전체와 공유한 후 각 표현과 직각, 평각 등의 용어를 정리해야 합니다. 학생들은 관습적으로 직각을 90°라고 씁니다. 그렇기 때문에 교사는 모둠 사이를 순회하면서 학생들의 활동지를 관찰하여 처음부터 다시 생각해 보도록 독려할 필요가 있습니다.

한 바퀴를 왜 360°라고 했는지에 대한 명확한 기록은 없으나 많은 현대의 수학자들은 천체를 관찰하여 같은 별이 한 바퀴를 돌아 같은 자리에서 발견되기까지를 1년(365일)이라고 했으며, 이후 적용의 편리함을 위해 365와 가까운 수 중에서 약수가 가장 많은 360을 선택했으리라고 추측하고 있습니다. 한 반에 두세 모둠 정도에서 위와 같은 이유를 발표하므로 학생들의 발표를 정리하는 방식으로 수업을 진행합니다.

한 바퀴는 왜 360°인가?

____ 학년 ____ 반 ____ 번 ________

◎ 활동 안내

- 한 바퀴는 왜 360° 일까요?

도형의 넓이를 재거나 건물을 세울 때 가장 기본이 되는 각은 (　　)각이고, 이 각을 수치로 나타내면 (　　)° 이다. 그런데, 아무 것도 없는 상태에서 처음부터 각도를 읽는다고 가정하면 (　　)각은 (　　)° 인 것이 더 자연스럽다. 그런데, 왜 전세계 사람들이 모두 (　　)각을 (　　)° 라고 읽을까? (　　)각은 한 바퀴의 (　　)분의 (　　)이다. 그렇다면, 한 바퀴는 왜 하필 (　　)° 일까?

1. 모둠별로 한 바퀴는 왜 360° 일지 이야기해 보고, 모둠원 각자가 그렇게 생각한 이유를 하나씩을 아래에 써 보자. 그중에서 자기 모둠이 생각하는 이유 하나를 정하여 발표해 보고, 우리 반에서 생각하는 이유를 정해 보자.

-
-
-
-
-

2. 우리 모둠이 그렇게 생각한 이유

-

3. 우리 반이 그렇게 생각한 이유

-

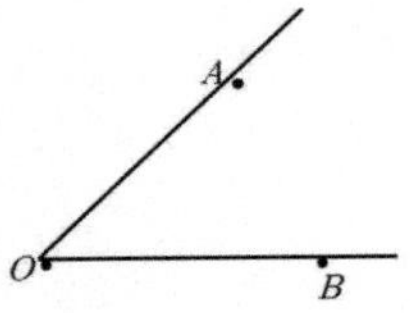

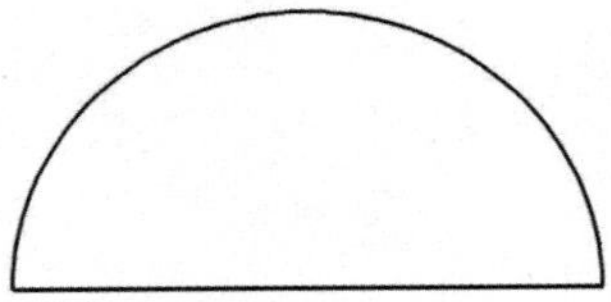

2차시 테셀레이션을 통해 삼각형의 세 내각의 합이 180°인 이유를 이해해 보는 첫 번째 시간입니다. 각도기를 이용해서 정삼각형을 그려 보고, 정삼각형의 세 내각은 모두 60°임을 확인해 봅니다. 테셀레이션을 소개하고 가장 간단한 도형인 직사각형을 시작으로 평면상의 한 점에 서로 정다각형을 모을 때 어떤 현상이 발생하는지 관찰하여 정삼각형의 한 내각은 60°라는 것을 추출하도록 유도합니다. 같은 방법으로 정오각형의 경우도 시도해 보는데 정오각형은 한 내각의 크기를 궁금해 하는 단계에서 수업을 정리하도록 합니다.

학생들은 정삼각형의 한 내각이 60°라는 사실을 이미 알고 있기 때문에 정삼각형을 처음부터 한 점에 6개씩 모으는데, 그것보다는 학생들이 선입견 없이 시작하도록 계속 모둠 사이를 순회하면서 학생들을 살펴보아야 합니다. 잘못 그려진 도형의 경우 이등변 삼각형인지 아닌지가 문제가 아니므로 "정삼각형이 아니다." 정도로 정리할 수 있도록 하면 됩니다. 정오각형의 경우도 마찬가지입니다. 모둠 활동 후 내용을 정리하면서 정오각형의 한 내각은 과연 몇 도일지 의문을 갖는 방향으로 수업을 마무리합니다. 선분, 직선, 반직선, 중점 등의 수학 용어에 대해서는 연역적으로 설명하고 시작하는 것이 아니라 문제 해결 과정에서 용어가 필요한 시점에 도입해서 수업이 대주제와 맞는 흐름을 가지고 진행될 수 있도록 합니다.

한 바퀴는 왜 360°인가?

_____ 학년 _____ 반 _____ 번 __________

◎ 활동 안내

- 면을 작은 조각들로 채워 봅시다.

테셀레이션 한 가지 이상의 도형을 이용해 틈이나 포개짐 없이 평면이나 공간을 완전하게 덮는 것을 말한다. 이는 라틴어 'tessella'에서 유래되었는데 고대 로마 모자이크에 사용되었던 작은 정사각형 모양의 돌 또는 타일을 의미한다. 테셀레이션의 예로는 바닥과 벽에 깔린 타일, 모자이크를 들 수 있다. 순 우리말로는 '쪽매맞춤'이라고 한다. 이러한 테셀레이션은 기원전 4세기에 이슬람 문화의 벽걸이 융단, 퀼트, 옷, 깔개, 가구의 타일, 건축물에서 찾아볼 수 있다. 또한 이집트, 무어인, 로마, 페르시아, 그리스, 비잔틴, 아라비아, 일본, 중국 등지에서도 발견된다. 테셀레이션 패턴으로 가장 유명한 것은 스페인의 그라나다에 위치한 이슬람식 건축물인 알함브라(Alhambra) 궁전이다.

테셀레이션은 모양을 일정한 거리만큼 움직이는 '평행이동', 거울에 반사된 것처럼 모양을 뒤집는 '반사', 한 점을 중심으로 모양을 돌리는 '회전', 평행이동과 반사를 결합한 '미끄러짐 반사'의 네 가지 변형을 통해 만들 수 있다. 테셀레이션을 미술의 한 장르로 정착시키는데 공헌한 인물이 네덜란드 화가인 에셔(M. C. Escher:1898~1972)이다. 그는 기하학적으로 특이한 모양, 공간 착시, 현실적으로 불가능한 장면을 사실적으로 묘사해 주목을 받아왔다.

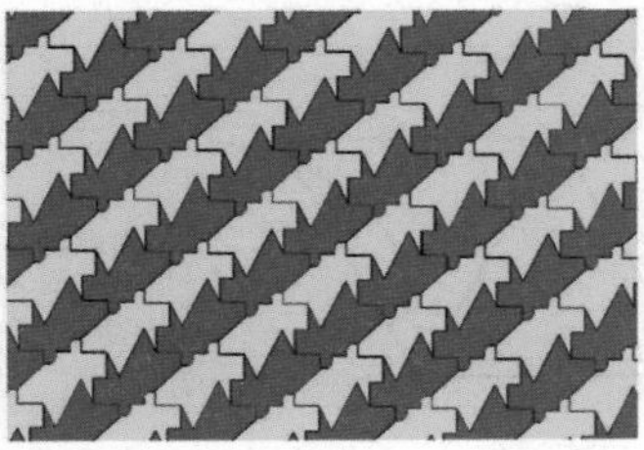

활동지 1-2 한 바퀴는 왜 360°인가?

◎ 활동 내용

1. 면을 채우기 **가장 쉬운** 도형은?

 ⇒ 한 점에 (   ) (   )개를 모아서 그리면 된다.

 ⇒ 아래 빈 칸에 생각대로 그려 보자.

2. 정삼각형으로도 가능할까?

 ⇒ 한 점에 모이는 조각의 개수가 정사각형으로 그릴 때보다 (많게, 같게, 적게) 해야 한다.

(1) (   )개 조각을 한 점에 모으는 것부터 시작하자.

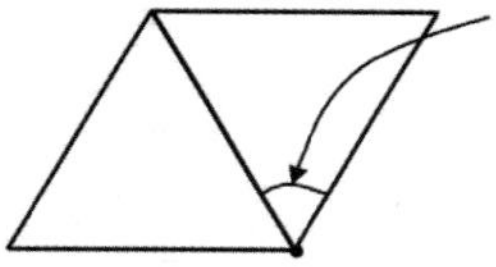	정삼각형의 한 내각의 크기 = $\frac{\text{한바퀴}}{(\quad)} = \frac{360^\circ}{(\quad)} = A^\circ$ ⇒ 각도기를 이용하여 아래 왼쪽 빈 칸에 한 내각의 크기가 A° 이고 한 변의 길이가 주어진 선분과 같은 정삼각형을 그려 보자. (P 에서 A° 재어 선을 긋고 Q 에서도 그렇게 한다.)
	⇒ 어떤 일이 벌어지는가? ⇒ 왜 그런 일이 벌어졌다고 생각하는가?

- 2 -

(2) 이제 (　)개 조각을 한 점에 모으는 것을 시도해 보자.

<table>
<tr><td>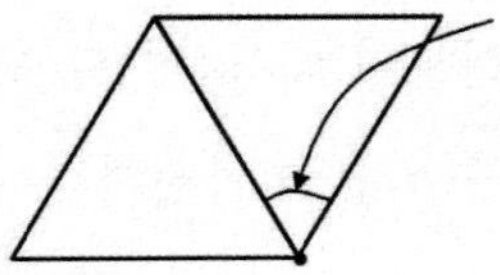</td><td>정삼각형의 한 내각의 크기 = $\frac{\text{한바퀴}}{(\quad)} = \frac{360°}{(\quad)} = A°$

⇒ 각도기를 이용하여 아래 왼쪽 빈 칸에 한 내각의 크기가 $A°$ 이고 한 변의 길이가 주어진 선분과 같은 정삼각형을 그려 보자. (P 에서 $A°$ 재어 선을 긋고 Q 에서도 그렇게 한다.)</td></tr>
<tr><td rowspan="2">P ———————— Q</td><td>⇒ 그릴 수 있는가?</td></tr>
<tr><td>⇒ 그림을 통해 알 수 있는 것은 무엇인가?</td></tr>
</table>

3. 정오각형으로도 가능할까?

⇒ 한 점에 모이는 조각의 개수가 정사각형으로 그릴 때보다 (많게, 같게, 적게) 해야 한다.

⇒ (　)개 조각을 한 점에 모으는 것부터 시작하자.

⇒ 우선 한 점에 정오각형 (　)개를 모으는 것부터 시도해 보자. 이것이 가능하다면

정오각형의 한 내각 = $\frac{\text{한바퀴}}{(\quad)} = \frac{360°}{(\quad)} = B°$ 가 될 것이다.

<table>
<tr><td rowspan="2"></td><td>⇒ 각도기를 이용하여 왼쪽 빈 칸에 한 내각의 크기가 $B°$ 이고 한 변의 길이가 주어진 선분과 같은 정오각형을 그려 보자. 어떻게 되는가?</td></tr>
<tr><td>⇒ 왜 그런 일이 벌어졌다고 생각하는가?</td></tr>
</table>

- 3 -

3차시 이번 차시에서는 정오각형의 내부를 삼각형으로 쪼개어 삼각형 내각의 총합을 통해 정오각형의 내각의 총합을 구해 봅니다. 먼저 한 점에서 대각선을 그어 정오각형의 내부를 세 개의 삼각형으로 쪼개어 봅니다. 이와 같은 방법으로 모든 다각형을 삼각형으로 쪼개어 분석할 수 있으며 삼각형의 내각의 총합으로 다른 도형을 이해할 수 있음을 학생들에게 설명해 줍니다. 또한 한 꼭짓점에서 이웃하지 않은 다른 꼭짓점으로 그은 모든 선분이 대각선이고 모든 다각형을 이와 같이 조개 빗살 모양으로 삼각 분할 할 수 있음을 확인하면서 수업을 마무리합니다.

활동지 1-3

한 바퀴는 왜 360°인가?

3. 경험으로 탐구하는 기하학

____ 학년 ____ 반 ____ 번 __________

◎ 활동 안내

- 정오각형의 한 내각의 크기는 몇 도일까요?

1. 정오각형의 한 내각의 크기를 알기 위해서는 정오각형의 다섯 개 내각의 총합을 알면 된다. 아래에서 정오각형의 내각의 총합을 알아보자.

(1) 다음 정오각형의 내부를 내각의 총합을 구할 수 있도록 적당한 다각형으로 **쪼개** 보자. 어떻게 쪼개야 내각 다섯 개의 합**만**을 **중복되지 않게** 구할 수 있겠는가? 정오각형에 그림으로 그리고(우선은 연필로), 방법을 글로 설명해 보자.

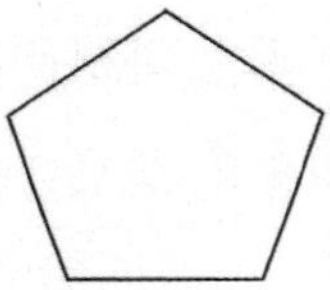

(2) 정오각형의 내각 합

-
-
- ( ) ( )개의 내각 합

2. 다른 정다각형의 내각의 총합도 위와 같은 방법으로 구할 수 있을까?

(1) 아래 정육각형과 정팔각형도 위와 같은 방법으로 내각의 총합을 구할 수 있도록 내부를 쪼개 보자.

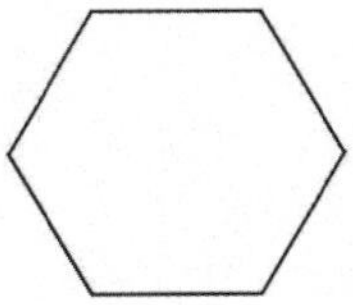

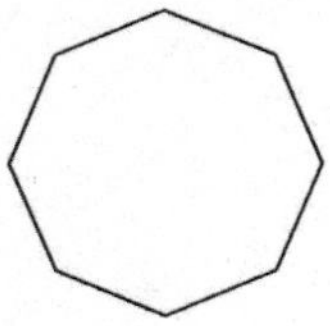

(2) 쪼갠 방법을 설명해 보자.

⇒ 정다각형의 내각의 총합을 알기 위해서는 ( )의 ( )의 총합을 알아야 한다.

4차시 '정삼각형 → 특정한 직각 삼각형 → 모든 직각 삼각형 → 일반 삼각형'의 순서대로 활동을 진행하여 삼각형의 세 내각의 합이 항상 180°임을 알아보는 활동입니다. 이 과정에서 직각 삼각형 그림을 분석하여 평행선에서의 엇각끼리의 관계를 정리하고, 삼각형을 정삼각형 → 정삼각형을 반으로 쪼갠 직각 삼각형 → 일반적인 직각 삼각형 → 일반 삼각형의 순서로 생각하여 세 내각의 합이 항상 180°임을 추출할 수 있도록 합니다. 직각 삼각형을 다루는 과정에서 두 평행선의 엇각이 서로 같다는 것을 직관적으로 이해할 수 있도록 유도하고 이를 정리합니다. 정삼각형을 반으로 쪼갠 직각 삼각형의 경우에 학생들이 "삼각형의 세 내각의 합은 180°라서"라고 답하는 경우가 종종 발생하기 때문에 교사는 모둠 사이를 순회하며 활동지를 점검할 필요가 있습니다. 학생들은 직사각형을 이용하여 두 평행선의 엇각이 같음을 정리하는 내용을 생각보다 쉽게 받아들일 수 있습니다.

한 바퀴는 왜 360°인가?

____ 학년 ____ 반 ____ 번 __________

◎ 활동 안내

- 삼각형의 세 내각의 합은 얼마일까요?

> 지난 시간에 삼각형의 세 내각의 합을 알면 정오각형, 정육각형, 정팔각형 등 여러 정다각형의 내각의 총합을 알 수 있다는 것을 알아냈다. 그러한 '삼각형으로 쪼개기' 방법을 이용하면 정다각형뿐만 아니라 모든 다각형의 내각의 총합을 구할 수 있을 것이다. 따라서 삼각형의 세 내각의 합은 다각형을 공부하는 데 기본이 된다. 이제 삼각형의 세 내각의 합은 얼마인지 구해 보자.

1. 정삼각형일 때 : $60^{\circ}+60^{\circ}+60^{\circ}=180^{\circ}$

2. 직각삼각형일 때

(1) 정삼각형을 세로로 반을 쪼개면

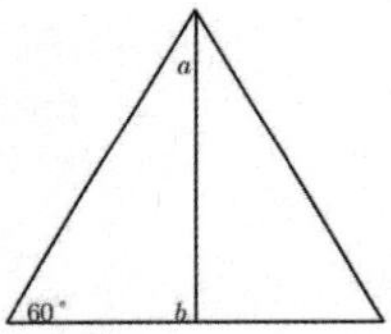

$a=(\quad)^{\circ}$ (이유 : ______________________)

$b=(\quad)^{\circ}$ (이유 : ______________________)

가 되므로 왼쪽 직각삼각형의 내각의 합

= ____________________ = ________ 이다.

(2) 모든 직각삼각형에서 성립할까?

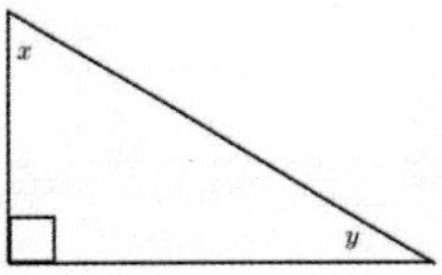

왼쪽과 똑같은 직각삼각형을 하나 더 그려서 왼쪽 직각삼각형에 직사각형이 되도록 엇갈려 붙여 보자. 그 다음, 그림에 x, y 를 정확히 표시하자.

⇒ $x+y=(\quad)^{\circ}$

⇒ 세 내각의 합 $=x+y+(\quad)^{\circ}=(\quad)^{\circ}$

3. 그냥 삼각형일 때

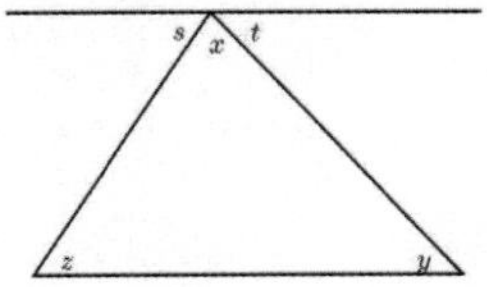

삼각형의 밑변과 평행한 직선을 삼각형의 꼭짓점을 지나도록 하나 그리면,

$y=(\quad)$ (위 직각삼각형 그림과 같은 상황이므로)

$z=(\quad)$ (마찬가지 이유로)

⇒ 삼각형의 세 내각합 $=x+y+z=(\quad)+(\quad)+(\quad)=\frac{\text{한바퀴}}{(\quad)}=(\quad)^{\circ}$

⇒ 정리 : 삼각형의 모양과 상관 없이 ______________________________

5차시 다각형을 정리하여 몇 각형이 되더라도 내부를 삼각형으로 쪼개어 분석할 수 있음을 알고, 이 과정에서 다각형의 대각선의 개수, 내각의 합, 한 내각의 크기 등을 정리합니다. 그다음, 교사는 학생들에게 활동지를 나누어 주고 다각형을 한 꼭짓점에서 그은 대각선을 이용하여 삼각형으로 쪼개어 분석하는 과정을 정리하도록 합니다. 기본이 되는 내용을 이미 수업했으므로 학생들에게 시간을 충분히 주면 별로 어렵지 않게 해결할 것입니다. 학생들은 도형을 그릴 때 정다각형으로 그려야 한다는 선입견이 있어서 그리기 어려워할 수 있으니 교사가 순회하면서 지도할 필요가 있습니다. 모둠 활동 단계에서는 n각형의 경우까지 일반화하기는 어렵기 때문에 구각형까지 채우도록 한 후 칠판에서 다 같이 규칙을 찾아보는 방식으로 정리하는 것이 좋습니다.

활동지 1-5 **한 바퀴는 왜 360°일까** 3. 경험으로 탐구하는 기하학

____ 학년 ____ 반 ____ 번 ________

◎ 활동 안내

- 다각형에 대해 알아보자.

	삼각형	사각형	오각형	육각형	칠각형	팔각형	구각형
그림 (정다각형이 아니어도 되므로 편하게 그리자.)							
꼭짓점 개수							
한 꼭짓점에서 그은 대각선의 개수							
전체 대각선의 개수							
내부를 삼각형으로 쪼갰을 때 삼각형 개수							
내각의 합							
정다각형의 한 내각의 크기							

6차시 이번 차시에는 사진기의 조리개에 빗대어 다각형의 외각을 이해하고 외각의 합은 항상 360°임을 알아봅니다. 문자를 이용하여 일반화시켜 증명할 수도 있으나 자유학기를 대부분 중학교 1학년 때 실시하기 때문에 지금 단계에서는 적절하지 않다고 생각합니다.

이번 활동은 학생들이 직관적으로 꽤 잘 해내는 활동으로, 처음에 활동을 안내할 때 영화『007』 시리즈의 오프닝 화면을 예로 들면 학생들이 쉽게 이해할 수 있을 것입니다.

활동지 1-6

한 바퀴는 왜 360°인가?

___ 학년 ___ 반 ___ 번 ________

◎ **활동 안내**

- 사진을 찍어 봅시다.

사진을 찍어 본 적이 있는가? 사진은 카메라의 렌즈로 빛을 받아들여 상이 맺히게 하는 방법으로 찍는다. 이때, 빛이 들어오는 문의 넓이를 조작하여 밝기를 조절하는데 이 문을 **조리개**라고 한다. 조리개는 아래 그림과 같은 모양으로 많이 조이면 사진이 어두워지고 조금 조이면 밝아진다. 카메라의 종류에 따라 조리개의 날은 5개, 6개, 7개, 8개, 9개, 10개 이상 등으로 다양하다.

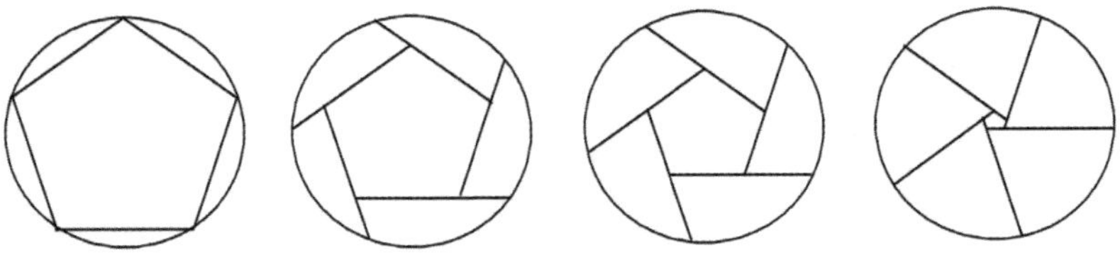

조리개를 조이는 방향 ➜

1. 위 그림을 보고 물음에 답하시오.

(1) 위 조리개를 완전히 조이면 어떻게 되겠는가? 오른쪽 칸에 그림으로 그려 보자.

(2) 위 조리개는 날이 ___ 개이므로, 완전히 열렸을 때는 ___ 각형 모양이다. 날이 6개인 조리개도 있는데, 그 조리개가 완전히 열렸을 때와 완전히 조였을 때의 그림을 아래 빈 칸에 차례대로 그려 보자.

완전히 열렸을 때	⇒	완전히 조였을 때

- 1 -

한 바퀴는 왜 360°인가?

(3) 조리개의 날이 8개일 때도 위와 같이 그려 보자.

	⇒	
완전히 열렸을 때		완전히 조였을 때

2. 발견한 성질을 정리해 보자.

⇒ 오각형, 육각형, 팔각형 모두 완전히 조이면 (　　)에서 만난다.

⇒ 다각형의 변을 조이면 (　　)에서 만난다.

땅의 넓이를 재 보자

1차시 비정형 오각형 모양의 땅 그림을 제시하고 이 땅의 넓이를 구하려면 어떻게 해야 하는지 생각해 보도록 합니다. 학생들이 '삼각형으로 쪼개어' 넓이를 구한다고 답을 할 수 있도록 유도하며, 이 과정에서 선분 표현을 소개합니다. 「EBS 문명과 수학 1부」와 같이 이집트 나일강 범람과 이에 따른 수학적 활동을 다룬 동영상을 보고, 기하학(幾何學)의 어원이 'Geometry = geo(땅) + metry(재다)'를 중국에서 음차한 것임을 설명해서 땅을 재는 실제적 활동과 수학의 기원을 연결하여 설명할 수 있습니다.

이후 〈활동지 2-1〉을 모둠별로 해결하여 비정형 다각형의 넓이를 구하기 위해서 다각형을 삼각형들로 분할해야 한다는 것을 깨닫게 합니다. 이를 정리하는 과정에서 선분 표현을 확인할 수 있습니다. 직선, 반직선, 선분 등의 표현은 단원 도입기에 한꺼번에 하는 것이 아니라 큰 주제를 해결하는 과정에서 표현의 정확성을 기하기 위해 그때그때 소개하는 방법을 택했습니다. 수학 교과서는 사전(辭典)이 아니므로 수학적 용어, 기호와 표현법 등은 선험적으로 제시할 것이 아니라 필요한 상황에서 적절히 안내하는 것이 효과적이기 때문입니다.

활동지 2-1

땅의 넓이를 재 보자

____ 학년 ____ 반 ____ 번 ________

◎ **활동 안내**

- 다음 오각형 모양의 땅 $ABCDE$ 의 넓이를 재 봅시다.

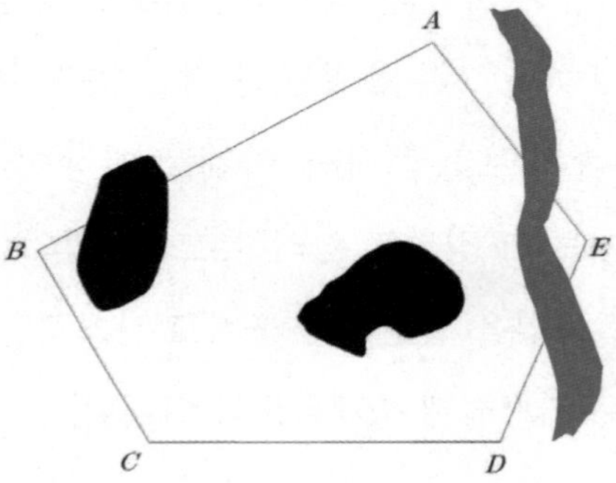

(1) 위 오각형의 넓이를 구하는 공식을 알고 있는 게 있는가?

(2) 그렇다면 어떻게 넓이를 구할 수 있을까? 전 시간에 공부했던 것들과 연결시켜 보자.

(3) 따라서, 오각형 $ABCDE$ 의 넓이를 구하기 위해서는 (   ), (   ), (   ) 세 조각의 넓이를 구하면 된다.

(4) 위 그림에 선으로 세 조각을 표시해 보자.

(5) 위 세 조각의 넓이를 구하는 공식을 알고 있는 게 있는가? 있다면 적어 보자.

(6) 넓이를 구하기 위해 길이를 알아야 하는 부분을 알파벳으로 표현해 보자. (예를 들어 A에서 B까지 등으로) 필요하다면 알파벳 F, G, H 등을 더 사용하자.)

2차시 방해물이 있는 땅의 넓이를 재기 위해 비정형 다각형을 삼각형으로 쪼개야 할 필요가 있다는 것을 알려 주고, 세 변의 길이를 이용해서 주어진 삼각형과 똑같은 삼각형을 작도하는 과정을 안내합니다. 이번 차시까지는 '합동'이나 '작도'라는 표현을 쓸 필요가 없습니다. 그런 식의 수학적 정식화는 여러 차례에 걸쳐 그런 상황을 접했을 때 필요한 것이지, 일시적인 상황에서는 학생들이 이름을 붙일 필요를 느끼지 못할 것입니다.

활동지 마지막 발문은 상하 대칭되는 그림이 나올 가능성을 생각해 보게 한 것인데, 종이가 좁아서 그렇게 그린 학생은 한 명도 없겠지만 활동을 정리하는 과정에서 다시 한 번 생각해 보도록 하면 '아래로 대칭'이라는 표현이 나오게 될 것입니다. 이번 차시에는 그 정도로 정리하고 삼각형의 합동을 소개하는 활동에서 대칭된 형태도 합동임을 설명하는 근거로 사용하는 것이 좋습니다. 선분 기호 역시 수업 중에 자연스럽게 소개하도록 합니다.

활동지 2-2

땅의 넓이를 재 보자

3. 경험으로 탐구하는 기하학

____ 학년 ____ 반 ____ 번 ________

◎ 활동 안내

- 똑같은 삼각형을 그려 봅시다. 지난 시간에 아래 오각형 모양의 땅 $ABCDE$ 의 넓이를 재기 위해 내부를 삼각형 세 개로 조개기로 했습니다. 가운데 $\triangle ACD$ 모양 땅의 넓이부터 구해 봅시다.

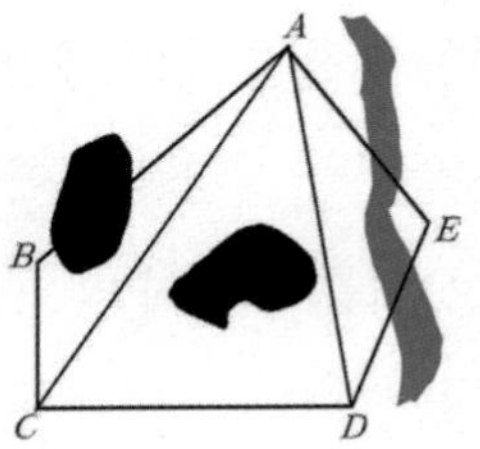

1. $\triangle ACD$의 넓이를 구하기 위해서는 삼각형의 (　　　)과 (　　　)를 알아야 한다.
(1) 밑변을 알파벳을 이용하여 표현해 보자.
(2) 높이는 어디인지 왼쪽 그림에 그려 보자.
(알파벳 F 를 사용한다).

2. 그림에서 어둡게 색칠된 부분은 웅덩이와 강이어서 길이를 잴 수 없다. 따라서 이 삼각형 모양 땅의 (　　　)는 잴 수 없다.

3. 그래서 종이에 $\triangle ACD$와 같은 똑같은 모양의 삼각형을 그려서 높이를 다시 재기로 했다. $\triangle ACD$ 에서 길이를 잴 수 있는 부분은 어디인가?

4. **<u>컴퍼스를 이용</u>**하여 아래 순서대로 $\triangle ACD$ 와 똑같은 삼각형을 다시 그려 보자.
(세 변 $\overline{AC}$, $\overline{CD}$, $\overline{DA}$ 의 길이를 이용한다.)

① 직선 l 위에 한 점 ㉯ 를 찍는다. (가능한 왼쪽에)
② 컴퍼스를 $\overline{CD}$ 의 길이만큼 벌린다.
③ 벌린 컴퍼스를 그대로 해서 점 ㉯를 중심으로 반지름이 $\overline{CD}$ 인 원을 그리고 직선 l 과 만나는 점을 ㉰ 라고 한다.
④ 컴퍼스를 $\overline{CA}$ 의 길이만큼 벌려서 점 ㉯를 중심으로 반지름이 $\overline{CA}$ 인 원 ★을 그린다.
⑤ 같은 방법으로 $\overline{DA}$ 의 길이를 반지름으로 하는 원 ▲를 점 ㉰를 중심으로 그린다.
⑥ 두 원 ★과 ▲가 만나는 점을 ㉮ 라 하고 ㉮와 ㉯, ㉮와 ㉰를 선으로 잇는다.

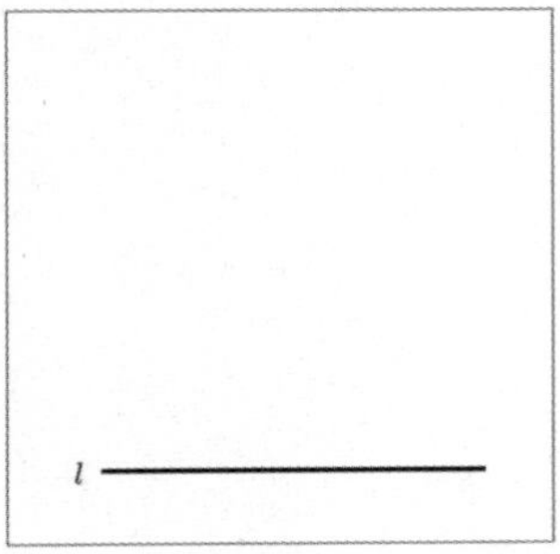

5. 이렇게 그린 삼각형 ㉮㉯㉰ 는 $\triangle ACD$ 와 완전히 똑같은가? 혹시 다른 그림이 나왔다면 어떤 그림인가?

3차시 2차시와 마찬가지로 주어진 삼각형과 똑같은 삼각형을 작도하는데 이 과정에서 각을 똑같이 작도하는 것이 필요하다는 것을 깨닫게 하고, 각 복사 작도를 안내합니다. 〈활동지 2-2〉의 삼각형을 똑같이 그리는 과정에서 각을 그대로 작도하는 과정을 유도합니다. 그리기 어려우니까 무조건 같은 삼각형을 그려야 한다는 생각으로 대강 모양을 맞춰서 그리는 학생들이 있으므로 교사는 모둠 사이를 계속 순회하면서 학생들의 활동을 세심하게 살펴야 합니다. 학생들이 선분을 옮기는 등의 상황을 글로 표현하는 데에 어려움을 느끼더라도 시간을 두고 어떻게든 써 볼 수 있도록 격려하는 것이 중요합니다. 또한 교사의 예상보다 각을 그대로 작도하는 것을 어려워하므로 이 부분 또한 충분한 시간을 주어야 합니다. 학급에 따라서 시간 부족으로 △ABC를 완성하지 못하는 모둠이 많을 수가 있는데, 한 차시를 더 하더라도 시간을 충분히 주는 것이 좋습니다.

활동지 2-3

땅의 넓이를 재 보자

____ 학년 ____ 반 ____ 번 __________

◎ 활동 안내

1. $\triangle ABC$ 와 똑같은 삼각형을 그려 보자.

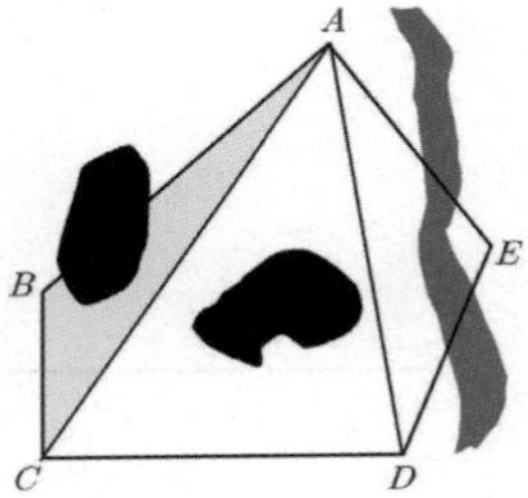

(1) $\triangle ABC$ 에서 잴 수 있는 변의 길이는 무엇인가? (알파벳으로 표현)

(2) 아래 순서대로 컴퍼스를 이용하여 $\triangle ABC$와 똑같은 삼각형 ㉮㉯㉰를 아래 빈 칸에 작도해 보자.

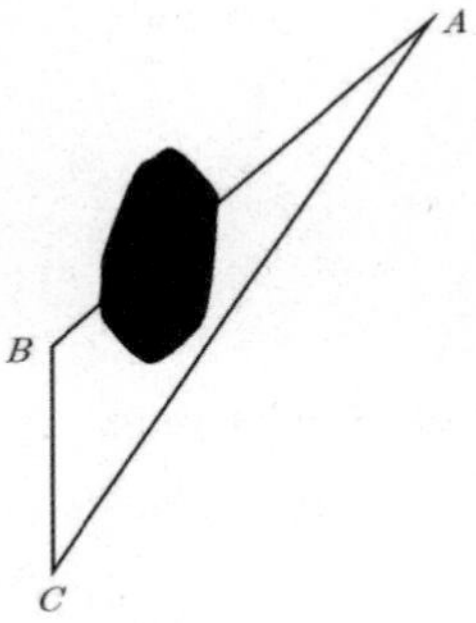

⟹

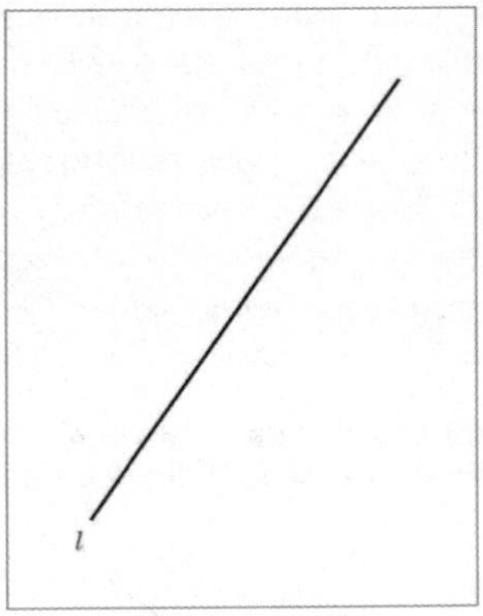

① 직선 l 위에 점 ㉰ 를 찍는다.

② 점 ㉰ 를 중심으로 반지름이 $\overline{CA}$ 인 원 ★ 을 그리고 직선 l 과의 교점을 ㉮ 라고 한다.

③ 점 ㉰ 를 중심으로 반지름이 $\overline{CB}$ 인 원 ▲ 를 그린다.

④ 삼각형이 완성되나?

⑤ 점 ㉯ 는 지금 어떤 상태인가?

- 1 -

땅의 넓이를 재 보자

2. $\triangle ABC$ 와 똑같은 삼각형 ㉮㉯㉰를 완성하자.(왼쪽 그림을 보고 그림에 그리면서 하자)

(1) 점 ㉯를 고정시키자.

① 점 ㉯를 고정시키기 위해서는 (선분㉮㉯, 선분㉯㉰, 선분㉰㉮, 각㉮㉯㉰, 각㉯㉰㉮, 각㉰㉮㉯)가 필요하다.

② 그 값은 왼쪽의 $\triangle ABC$ 에서 ____________________ 과 같은 값이다.

⇒ ____________ 와 크기가 같은 ( )을 작도하면 된다.

(2) 왼쪽 각 O 와 크기가 같은 각 Q 를 작도하자.

① 각 Q 를 알기 위해서 단 한 점 P 만 필요하다면 어디쯤일지 위 그림에 표시하자.

② 평면 위에서 한 점이 정해지려면 선이 최소한 ( )개 필요하다.

③ 컴퍼스로 그릴 수 있는 선은 ( )뿐이므로 점 P 를 두 원 ▣과 ◉이 만나는 점이라고 생각하고 위의 각 Q 그림에 두 원 ▣와 ◉를 대강(컴퍼스를 이용하지 말고 그냥) 그려 보자. 그 중 원 ▣는 점 Q 를 중심으로 해서 그린다.

④ 각 O와 각 Q가 똑같아야 하므로 왼쪽의 각 O에도 이와 같은 두 원 ■와 ●가 있을 것이다. 각 O에 컴퍼스를 이용하지 말고 대강 그려 보자. 먼저 원■를 점 O를 중심으로 해서 그린다.

위 과정을 거꾸로 해서 (원■ ⇒ 원▣ ⇒ 원● ⇒ 원◉ 순서로) 아래에 컴퍼스를 이용해서 각을 복사하자.
이 원들 중 반지름이 서로 같아야 하는 것은 ____와 ____, ____와 ____ 이다.

(3) 위 방법대로 $\angle BCA$를 복사하여 점 ㉯를 고정시키자. 삼각형 ㉮㉯㉰가 완성되는가?

4차시 3차시에 복사한 각과 다른 각을 복사해서 주어진 두 선분 사이의 끼인 각이 아닌 것을 복사할 경우 서로 다른 두 개의 삼각형을 작도할 수 있음을 이해하고, 삼각형의 합동 조건을 정교화해 보는 활동입니다. 이를 정리하면서 합동 개념을 도입합니다. 즉 지난 시간에 △ABC의 ∠C를 이용했으므로 이번 차시에는 ∠A를 이용해서 삼각형을 그려 보도록 하는 것입니다. 교점이 두 개 생기게 되어 조건에 맞는 삼각형 하나와 아닌 것 하나, 총 두 개가 생긴다는 것을 관찰하여 삼각형의 합동 조건을 이해하도록 합니다.

이 내용을 정리하면서 '삼각형의 합동 조건'이라는 개념을 도입하는 것입니다. 학생들이 합동 조건을 '두 변의 길이와 끼인 각이 같을 때'라고 기계적으로 외우는 것이 안타까워서 고안한 활동입니다. 학생들이 직접 그려 보게 하고 서로 다른 삼각형이 두 개가 생긴다는 것을 확인하게 한 후, 끼인 각이 아닐 때는 합동인 삼각형이 안 생기는 것이 아니라 합동이 아닌 삼각형도 생기기 때문에 합동 조건이 '끼인' 각이라고 제한되는 것이라는 점을 설명하면 학생들도 삼각형의 합동 조건을 어렵지 않게 이해할 수 있을 것입니다. 활동지에 쓰여 있음에도 원을 한 바퀴 다 그리지 않고 일부만 그리거나 교점이 한 번 생긴 곳에서 멈춰서 합동인 삼각형 하나만 그려 놓고 가만히 있는 학생들이 꽤 있으므로 교사의 세심한 관찰이 필요한 수업입니다.

활동지 2-4

땅의 넓이를 재 보자

____ 학년 ____ 반 ____ 번 __________

◎ 활동 안내

1. $\triangle ABC$ 와 똑같은 삼각형을 다시 그려 보자.

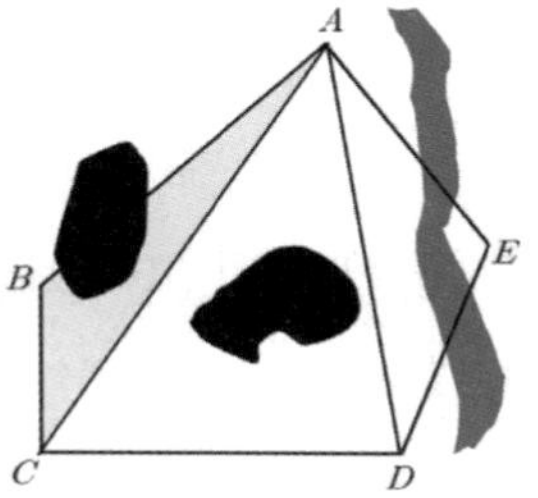

(1) $\triangle ABC$ 에서 잴 수 있는 변의 길이는 무엇인가? (알파벳으로 표현)

(2) 지난 시간에는 $\angle BCA$를 복사해서 $\triangle ABC$와 똑같은 삼각형을 작도했다. 이번에는 $\angle BCA$ 말고 $\angle A$를 복사해서$\triangle ABC$와 똑같은 삼각형 ㉮㉯㉰를 아래 빈 칸에 작도해 보자.

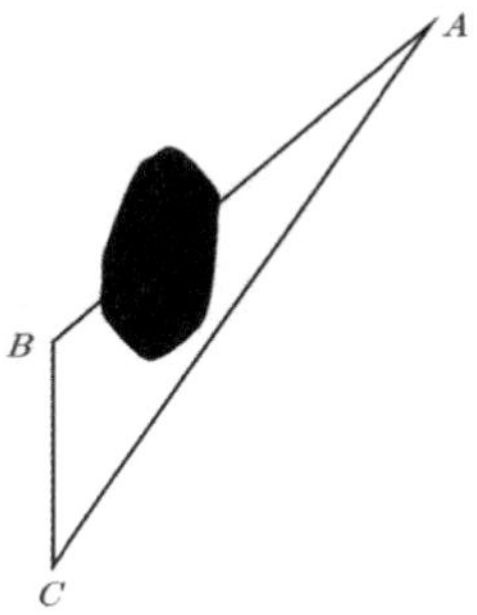

⇒

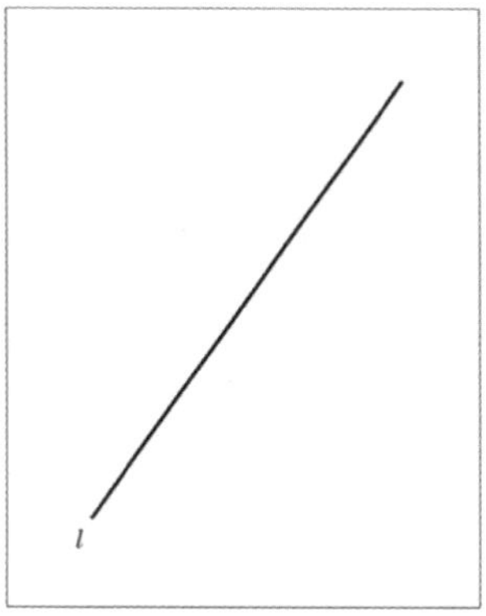

① 직선 l 위에 점 ㉰ 를 찍는다.

② 점 ㉰를 중심으로 반지름이 $\overline{CA}$ 인 원 ★을 그리고 직선 l 과의 교점을 ㉮라고 한다.

③ 점 ㉰를 중심으로 반지름이 $\overline{CB}$ 인 원 ▲를 그린다.(원의 일부만 그리지 말고 **전체를 다 그린다.**)

④ 점 ㉮를 중심으로 $\angle A$를 복사하자.(이 때, 각의 변을 길게 그린다.)

⑤ $\angle A$의 변과 원 ▲의 교점이 꼭짓점 (   )가 될 것이다.
어떤 일이 벌어지는가?

⑥ 왜 그런 일이 벌어졌다고 생각하는가? 모둠이 생각하는 이유를 하나로 적어 보자.

5차시 이 수업의 마지막 시간입니다. 먼저 한 변의 길이와 양 끝 각을 이용해서 합동인 삼각형을 작도하게 한 후, 처음 주어진 비정형 오각형을 다른 방향으로 쪼개어 선분의 길이를 하나도 잴 수 없는 삼각형의 넓이를 구하는 상황으로 안내합니다. 분할해 놓은 삼각형 중 △ADE를 옮기고, 다른 방식으로 오각형을 분할해 보면서 변의 길이가 최소한 하나는 주어져야 똑같은 삼각형을 그릴 수 있음을 깨닫고, 삼각형의 합동 조건을 완성합니다. 여러 차시에 걸쳐서 했던 내용의 연장이므로 학생들은 비교적 쉽게 해결하며 삼각형의 합동 조건에서 변 하나는 필수라는 것도 잘 이해할 것입니다. 각만 같은 것은 '닮음'이라고 언급하는 것도 괜찮습니다.

활동지 2-5

땅의 넓이를 재 보자

____ 학년 ____ 반 ____ 번 ________

◎ 활동 안내

1. $\triangle ADE$와 똑같은 삼각형을 <u>다시</u> 그려 보자.

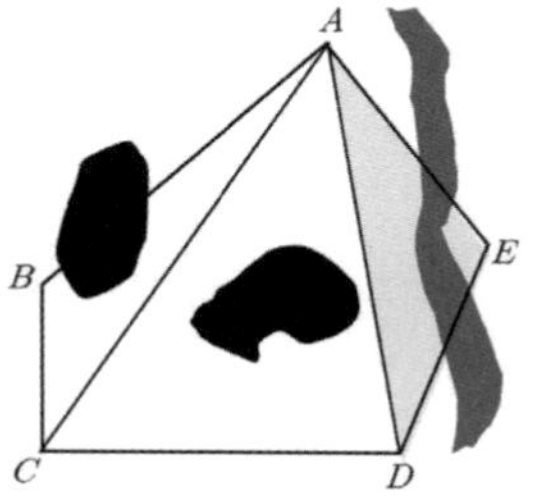

(1) $\triangle ADE$에서 잴 수 있는 변의 길이는 무엇인가? (알파벳으로 표현)

(2) 잴 수 있는 각의 크기는 얼마인가?

(3) 이들을 이용하여 아래 순서대로 $\triangle ADE$와 똑같은 삼각형 ㉮㉱㉲를 그리자.

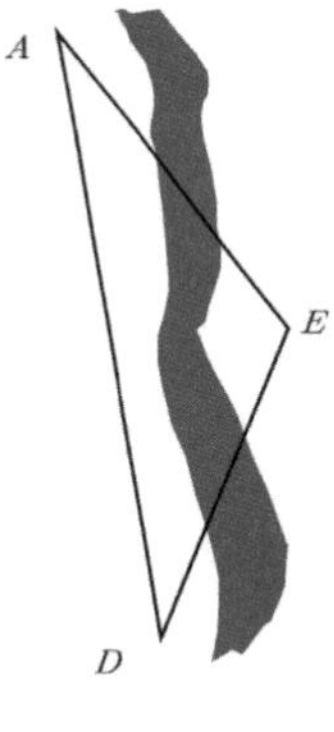

⟹

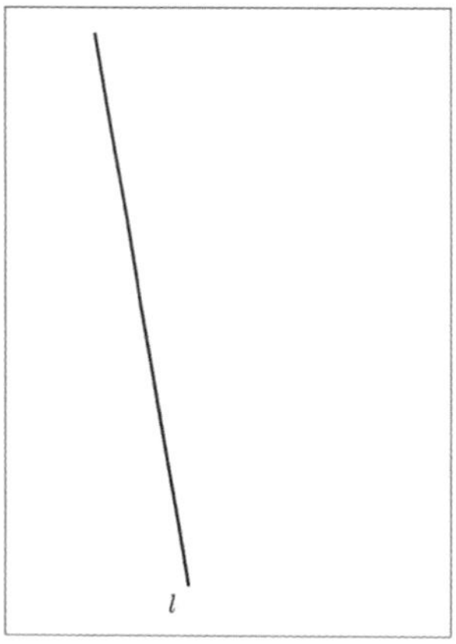

① 직선 l 위에 점 ㉮를 찍고(위쪽에) $\overline{AD}$ 를 복사하여 점 ㉱도 찍는다.

② 점 ㉮에 $\angle A$를 복사하여 각의 변을 a 라고 한다.

③ 점 ㉱에 $\angle D$를 복사하여 각의 변을 b 라고 한다.

④ a, b의 교점을 점 ㉲라고 한다.

⑤ 삼각형 ㉮㉱㉲ 가 완성되는가?

2. 오각형 $ABCDE$를 다른 삼각형 세 개($\triangle ABE$, $\triangle BCE$, $\triangle CDE$)로 잘라서 똑같이 그려 보자.

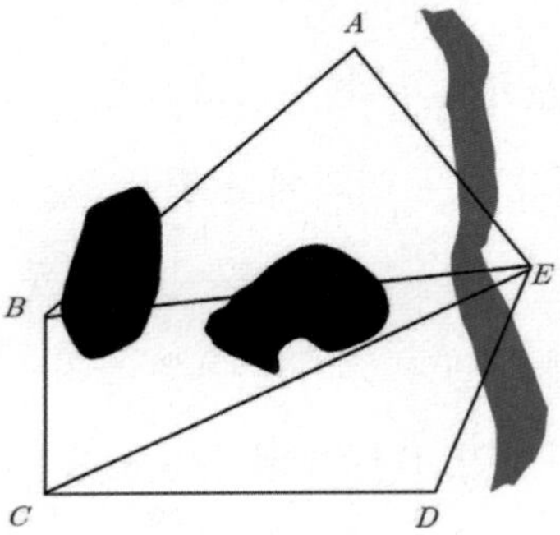

(1) 먼저 $\triangle ABE$를 그려 보자. 잴 수 있는 변이나 각은 무엇인가?

l

(2) 그것들을 이용하여 $\triangle ABE$와 똑같은 △㉮㉯㉰를 위와 같은 방법으로 왼쪽 직선 l 위에 그려보자.

(3) 어떤 상황이 벌어지는가?

(4) 똑같은 삼각형을 그리기 위해서는 최소한 어떤 조건이 필요한가?

원주율과 원의 넓이

1차시 원 모양 땅의 넓이를 구하기 위해 원을 부채꼴 모양으로 잘라 붙여 넓이를 구하는 방법을 생각해 봅니다. 일상생활에서 원 모양의 땅을 발견하기는 어려울 것입니다. 하지만 땅의 넓이를 구하는 것에서 좀 더 사고를 확장하면, 둘레의 길이가 일정할 때 가장 넓은 도형은 원이라는 것을 활용하여 활동을 전개할 수 있습니다. 넓이를 구하기 위해 다각형을 삼각형으로 쪼갠 것처럼 원은 삼각형과 비슷한 부채꼴로 쪼개 보는 것입니다.

그림으로 제시한 4등분의 경우 이외에도 원을 8등분, 16등분, 32등분하면 어떤 모양이 되는지 알아보고 원을 무수히 많이 쪼갰을 때의 모양을 추측하게 합니다. 원의 넓이를 구할 때 양면 색종이로 원을 잘라 지그재그로 붙이면 시각적으로 나타낼 수 있어 효과적입니다. 학생들은 32등분까지 하면 매우 어려우므로 32등분은 나중에 보여 주기만 하고 16등분 정도까지 해 보도록 합니다. 모둠별로 8등분, 16등분, 32등분한 결과를 각각 나누어 활동할 수도 있습니다. 원 모양의 색종이는 시중에서 판매하므로 손쉽게 이용할 수 있습니다.

활동지 3-1

원주율과 원의 넓이

3. 경험으로 탐구하는 기하학

____ 학년 ____ 반 ____ 번 __________

◎ **활동 안내**

- 원 모양의 땅이 있습니다. 이 땅의 넓이를 구해 봅시다.

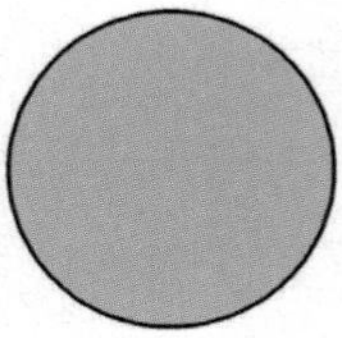

1. 원의 넓이를 구할 수 있는가?

2. 그림과 같이 삼각형(과 비슷한 모양)으로 쪼개 보자. 원을 4등분하면 다음과 같이 된다.

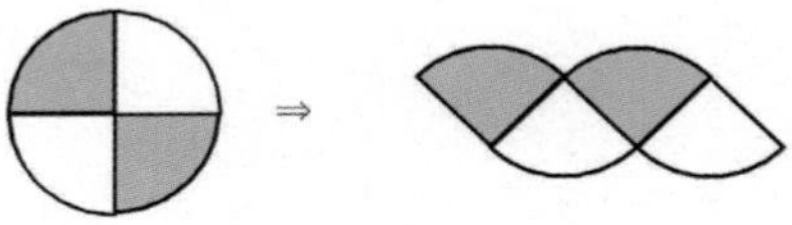

3. 위와 같이 원을 잘라 아래 빈 칸에 지그재그로 붙여 보자.

(8등분한 경우)

(16등분한 경우)

- 1 -

활동지 3-1

원주율과 원의 넓이

4. 더 잘게 쪼개면 어떻게 될까? '무한 개'로 잘게 쪼갠 경우를 그림으로 그려 보자.

5. 위에서 짐작할 수 있는 원의 넓이는
 1) 밑변이 원의 ______________________ 과 같고,
 2) 높이가 원의 ____________ 과 같은
 3) ______________________ 의 넓이와 같다.

6. 원의 넓이를 구하기 위해 알아야 할 것은 ____________________ 이다.

2차시 지난 시간에 원의 넓이를 구하기 위해서는 원 둘레의 길이가 필요함을 알았으므로 이번 시간에는 직접 원 둘레의 길이를 구하고 원주율에 관해 알아볼 차례입니다. 원 둘레의 길이는 다양한 활동으로 구할 수 있는데, 여기서는 학생들이 직접 구해 보는 데 초점을 맞춥니다. 주어진 원의 둘레를 재 볼 수도 있고, 주변에서 발견할 수 있는 원을 활용할 수도 있고, 운동장에 원을 그려 재 볼 수도 있습니다. 다음 활동 중 한 가지를 골라서 해 보고, 모둠원끼리 표의 빈칸을 채웁니다. 활동이 끝나면 모둠끼리 결과에 관해 토론하여 학생들이 원주율의 개념을 익힐 수 있게 합니다. 〈활동지 3-2〉의 문제 1번과 2번은 모둠원끼리 크기가 다른 원을 재어 원주율의 존재를 찾아볼 수 있고, 문제 3번은 최대한 큰 원의 둘레를 각자 측정 단위(모둠원의 발 크기)가 다른 경우에도 원주율이 일정한지 알아볼 수 있는 활동입니다. 이미 알고 있는 사실이라도 직접 값을 구했을 때 같은 결과가 나오는 것을 학생들이 확인한다면 훨씬 이해가 잘 되리라 생각합니다.

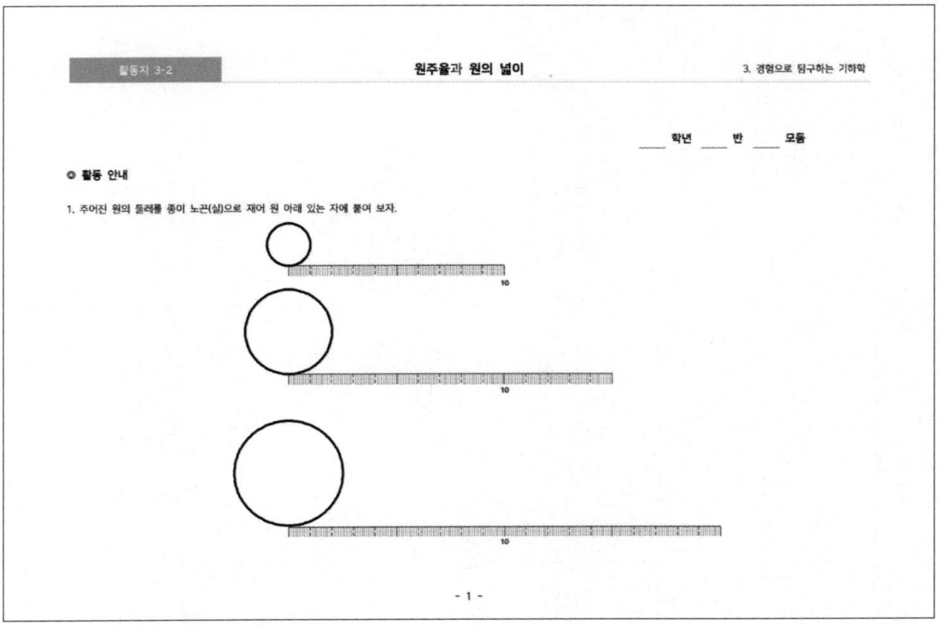
활동지 3-2 원주율과 원의 넓이 3. 경험으로 탐구하는 기하학

____ 학년 ____ 반 ____ 모둠

◎ 활동 안내

1. 주어진 원의 둘레를 종이 노끈(실)으로 재어 원 아래 있는 자에 붙여 보자.

- 1 -

활동지 3-2

원주율과 원의 넓이

2. 크기가 다른 여러 개의 원통(캔)의 지름과 둘레를 재어 본다.

3. 운동장(또는 체육관, 강당, 중앙 로비 등)에서 그려진 원의 둘레와 지름을 각각 걸어서 몇 발자국인지 재어 보자. (보폭이 아님을 유의)

잰 사람				
지름의 길이				
원 둘레의 길이				

4. 모둠끼리 서로 잰 값을 비교해 보고 알 수 있는 사실을 정리해 보자.
(1) 지름의 길이가 커지면 ________________
(2) 지름과 원 둘레의 길이는 ________________
(3) ________________

5. 4번에서 얻은 비의 값을 ________ 이라 한다.

3~4차시 지난 시간에 구한 원주율의 값을 아르키메데스의 조임법으로 보다 정확하게 구해 보는 활동입니다. 처음으로 원주율 값을 구한 아르키메데스를 소개하고 아르키메데스처럼 조임법을 사용하여 원주율의 값의 범위를 계산합니다. 모둠원이 서로 다른 정다각형을 그려 원주율의 값을 비교해 보고, 그 값의 범위를 구하는 과정은 발표를 통해 수행 평가로 연결할 수 있습니다.

수업을 시작하기 전에 「EBS 문명과 수학 1부」 중 원주율에 관한 내용을 시청하면 더욱 좋습니다. 아르키메데스에 관한 이야기는 자세히 풀어 쓸 수도 있고, 학습지에는 간단히 소개하고 교사가 이야기로 풀어갈 수도 있습니다. 정삼각형으로 아르키메데스의 방법을 설명하고 학생들에게는 다른 정다각형을 나눠 그리게 하는데, 이때 학생들의 수준을 고려하여 그림을 그릴 수 있도록 지도합니다. 1학년 학생들은 각도기를 사용하여 정다각형을 그리게 하면 좋습니다. 교사는 학생들이 정다각형을 그리는 과정을 순회하며 살펴야 합니다.

활동지 3-3

원주율과 원의 넓이

____ 학년 ____ 반 ____ 번 __________

◎ **활동 안내**

- 원주율을 구해 봅시다.

1. 아르키메데스 이야기

- 시칠리아 시라쿠사에서 출생. 수학과 응용과학에서 고금에 걸쳐 최대 천재 중 한 사람
- "Eureka! eureka!"
- 수많은 발명으로 로마의 침입을 3년 동안이나 막아냄
- 인간을 평등하게 생각하는 사상의 소유자
- 아르키메데스의 묘비 (원기둥에 내접하는 구)
- 원주율 값을 정구십육각형을 이용하여 3.14까지 알아냄

2. 아르키메데스가 원주율을 구한 방법

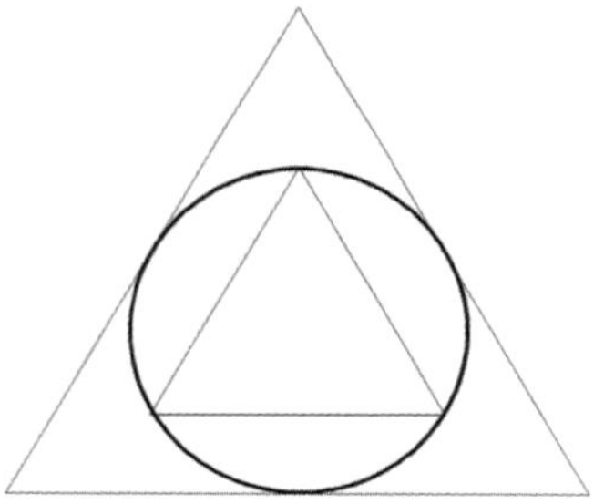

안쪽 정(삼)각형의 한 변 길이	원의 지름	바깥쪽 정(삼)각형의 한 변 길이
안쪽 정(삼)각형의 둘레	< 원 둘레(원주) <	바깥쪽 정(삼)각형의 둘레
	= 지름 × 원주율	
	< 원주율 <	

활동지 3-3

원주율과 원의 넓이

3. 아르키메데스의 방법으로 우리도 원주율의 값을 구해 보자.

- 정사각형, 정오각형, 정육각형, 정팔각형, 정구각형, 정십각형, 정십이각형, 정십오각형, 정십팔각형, 정이십각형 중 각자 2개의 정다각형을 선택한다. (모둠원끼리 서로 다른 정다각형을 택한다.)
- 원의 중심에서 각을 나누어 주어진 원에 내접하는 정다각형과 외접하는 정다각형을 그린다.
- 내접, 외접하는 정다각형의 한 변의 길이와 둘레의 길이를 구한다.
- 지름으로 나누어 원주율의 값을 구한다. (눈금은 소수점 아래 첫째자리까지 읽는다.)

4. 내가 구한 첫 번째 정다각형은 정(　　)각형이고, 원의 중심에서 나눠야 할 각은 (　　　　　　)이다.

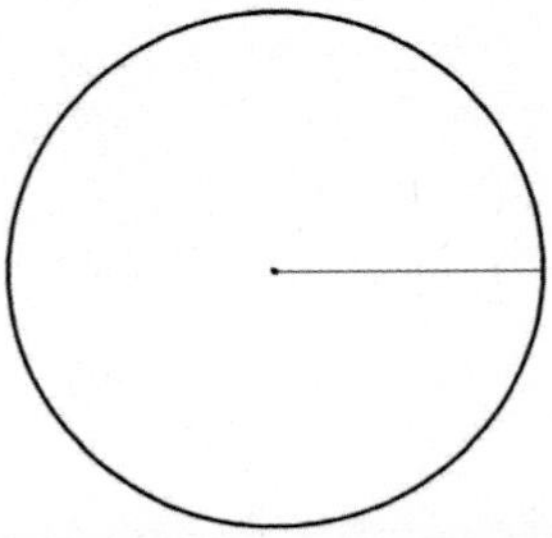

안쪽 정(삼)각형의 한 변 길이	원의 지름	바깥쪽 정(삼)각형의 한 변 길이
안쪽 정(삼)각형의 둘레	< 원 둘레(원주) <	바깥쪽 정(삼)각형의 둘레
	= 지름 × 원주율	
	< 원주율 <	

5. 우리 모둠이 구한 원주율 : 각 모둠원이 구한 값 중 더 정확하다고 생각하는 순서대로 쓴다.

구한 사람 이름	원주율 값
	< 원주율 <
	< 원주율 <
	< 원주율 <
	< 원주율 <
	< 원주율 <

6. 구한 과정과 결과를 보고서로 정리하여 발표한다.

7. 원주율을 기호 (　　)로 나타내고 '파이'라고 읽는다.

- 2 -

5차시 원주율 π와 관련된 다양한 활동을 펼쳐 보는 차시입니다. 먼저 지난 시간에 구한 원주율에 대해 알아봅니다. 원주율을 구하기 위한 사람들의 노력, 지금도 꾸준히 원주율을 구하고 있는 사실 등을 알아보고 원주율과 관련된 몇 가지 활동을 실시합니다. 시기는 조금씩 달라도 'π-day' 행사를 진행하는 학교가 많이 있으니 이번 활동은 'π-day' 행사에서 활용할 수 있을 것이라 예상됩니다. 이 외에도 π값 외우기, π로 랩 하기 등의 활동을 할 수 있는데, 활동지에 인용한 시는 『Literary Digest』에 실린 A.C. Orr의 작품입니다.

활동지 3-4

원주율과 원의 넓이

3. 경험으로 탐구하는 기하학

____ 학년 ____ 반 ____ 번 __________

◎ 활동 안내

- π에 대해 알아봅시다.

1. 지금도 사람들은 π의 값을 좀 더 자세히 알아보려는 노력을 계속 하고 있다. (EBS 수학사만화 참고)

2. 3월 14일은 π의 날(π-day)!

3. 다음은 π의 값을 소수점 아래 3000자리까지 구한 것이다. 자신의 생일이나 전화번호 뒷자리를 찾아보자.

3.1415926535 8979323846 2643383279 5028841971 6939937510 5820974944 5923078164 0628620899 8628034825 3421170679
8214808651 3282306647 0938446095 5058223172 5359408128 4811174502 8410270193 8521105559 6446229489 5493038196
4428810975 6659334461 2847564823 3786783165 2712019091 4564856692 3460348610 4543266482 1339360726 0249141273
7245870066 0631558817 4881520920 9628292540 9171536436 7892590360 0113305305 4882046652 1384146951 9415116094
3305727036 5759591953 0921861173 8193261179 3105118548 0744623799 6274956735 1885752724 8912279381 8301194912
9833673362 4406566430 8602139494 6395224737 1907021798 6094370277 0539217176 2931767523 8467481846 7669405132
0005681271 4526356082 7785771342 7577896091 7363717872 1468440901 2249534301 4654958537 1050792279 6892589235
4201995611 2129021960 8640344181 5981362977 4771309960 5187072113 4999999837 2978049951 0597317328 1609631859
5024459455 3469083026 4252230825 3344685035 2619311881 7101000313 7838752886 5875332083 8142061717 7669147303
5982534904 2875546873 1159562863 8823537875 9375195778 1857780532 1712268066 1300192787 6611195909 2164201989
3809525720 1065485863 2788659361 5338182796 8230301952 0353018529 6899577362 2599413891 2497217752 8347913151
5574857242 4541506959 5082953311 6861727855 8890750983 8175463746 4939319255 0604009277 0167113900 9848824012
8583616035 6370766010 4710181942 9555961989 4676783744 9448255379 7747268471 0404753464 6208046684 2590694912
9331367702 8989152104 7521620569 6602405803 8150193511 2533824300 3558764024 7496473263 9141992726 0426992279
6782354781 6360093417 2164121992 4586315030 2861829745 5570674983 8505494588 5869269956 9092721079 7509302955
3211653449 8720275596 0236480665 4991198818 3479775356 6369807426 5425278625 5181841757 4672890977 7727938000
8164706001 6145249192 1732172147 7235014144 1973568548 1613611573 5255213347 5741849468 4385233239 0739414333
4547762416 8625189835 6948556209 9219222184 2725502542 5688767179 0494601653 4668049886 2723279178 6085784383
8279679766 8145410095 3883786360 9506800642 2512520511 7392984896 0841284886 2694560424 1965285022 2106611863
0674427862 2039194945 0471237137 8696095636 4371917287 4677646575 7396241389 0865832645 9958133904 7802759009
9465764078 9512694683 9835259570 9825822620 5224894077 2671947826 8482601476 9909026401 3639443745 5305068203
4962524517 4939965143 1429809190 6592509372 2169646151 5709858387 4105978859 5977297549 8930161753 9284681382
6868386894 2774155991 8559252459 5395943104 9972524680 8459872736 4469584865 3836736222 6260991246 0805124388
4390451244 1365497627 8079771569 1435997700 1296160894 4169486855 5848406353 4220722258 2848864815 8456028506
0168427394 5226746767 8895252138 5225499546 6672782398 6456596116 3548862305 7745649803 5593634568 1743241125
1507606947 9451096596 0940252288 7971089314 5669136867 2287489405 6010150330 8617928680 9208747609 1782493858
9009714909 6759852613 6554978189 3129784821 6829989487 2265880485 7564014270 4775551323 7964145152 3746234364
5428584447 9526586782 1051141354 7357395231 1342716610 2135969536 2314429524 8493718711 0145765403 5902799344
0374200731 0578539062 1983874478 0847848968 3321445713 8687519435 0643021845 3191048481 0053706146 8067491927
8191197939 9520614196 6342875444 0643745123 7181921799 9839101591 9561814675 1426912397 4894090718 6494231961
...

- 1 -

원주율과 원의 넓이

4. π를 기억하기 위한 시 쓰기

다음은 『Literary Digest』에 실린 A.C. Orr의 작품이다.

Now I, even I, would celebrate
In rhymes unapt, the great
Immortal Syracusan, rivaled nevermore,
Who in his wondrous lore,
Passed on before,
Left men his guidance
How to circles mensurate.

위 시를 단순히 각 단어를 문자의 개수로 바꾸면 π의 소수점 아래 30자리까지의 값이 된다. 우리도 π를 기억하기 위한 시를 써 보자.

6차시 원주율을 이용하여 원의 넓이와 호의 길이, 부채꼴의 넓이 등을 구하는 활동입니다. 이제 원주율도 구했으니 앞서 한 활동을 돌아보며 호의 길이와 부채꼴의 넓이를 구해 봅니다. 부채꼴의 넓이는 호의 길이와 같은 방법으로 구하면 됩니다. 호의 길이에 나온 빈 칸은 학생들이 간단하게 채울 수 있습니다. 부채꼴의 넓이를 구하는 공식 $S=\frac{1}{2}lr$은 원의 넓이를 구하는 것과 같이 색종이를 오려 붙이는 방법으로 유도합니다. 원의 넓이와 부채꼴의 넓이를 둘 다 색종이 오려 붙이기를 해도 되지만 한 가지를 선택하는 것이 학생들의 흥미를 더 높일 수 있습니다.

원주율과 원의 넓이

_____ 학년 _____ 반 _____ 번 __________

◎ 활동 안내

- 원의 넓이를 구해 봅시다.

1. 반지름의 길이가 r인 원의 둘레의 길이는 ______________ 이다.

2. 반지름의 길이가 r인 원의 넓이를 구해 보자.

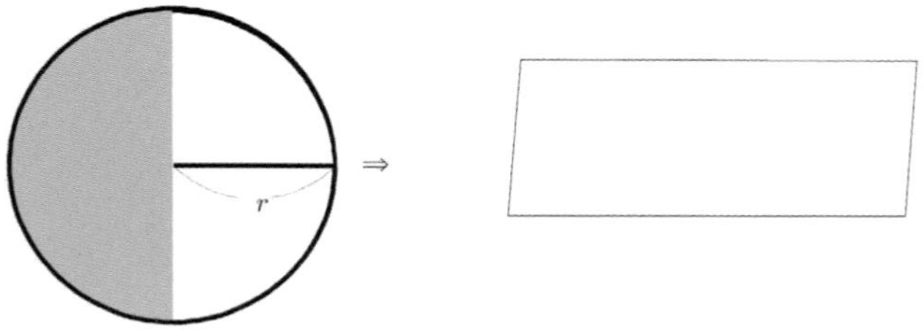

- 위 그림의 평행사변형의 가로와 세로의 길이를 표시한다.
- 반지름의 길이가 r인 원의 넓이는 ______________ 이다.

3. 부채꼴의 이모저모

- 한 원에서 (　　　　)의 크기가 같은 두 부채꼴의 (　　　)는 서로 같다.
- 한 원에서 부채꼴의 (　　　)는 (　　　　)의 크기에 (　　　　)한다.

4. 2번과 3번에 따라서 다음과 같은 사실을 알 수 있다.

반지름의 길이가 r, 중심각의 크기가 $x°$인 부채꼴의 넓이를 S 라 하면

$$S=(\qquad\qquad)\times\frac{(\qquad)}{(\qquad)}$$

반지름의 길이가 r, 호의 길이가 인 l부채꼴의 넓이를 S 라 하면

$$S=(\qquad\qquad)$$

- 1 -

5. 부채꼴의 호의 길이

(1) 다음은 반지름의 길이가 18인 원이다. 원주 또는 호의 길이를 구해 보자.

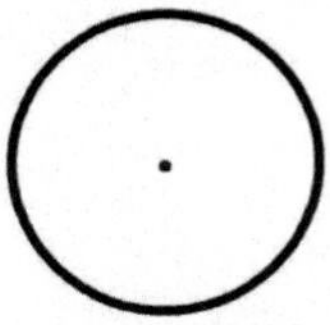	원주 = ( )	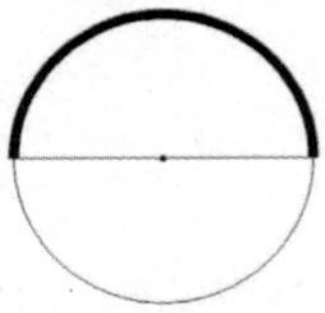	호의 길이 = 원주의 ( ) = ( )×( ) = ( )
	호의 길이 = 원주의 ( ) = ( )×( ) = ( )	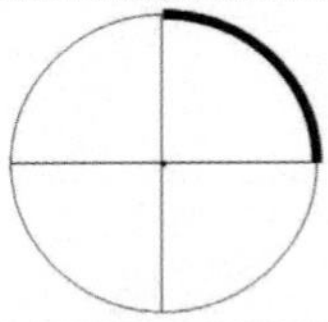	호의 길이 = 원주의 ( ) = ( )×( ) = ( )
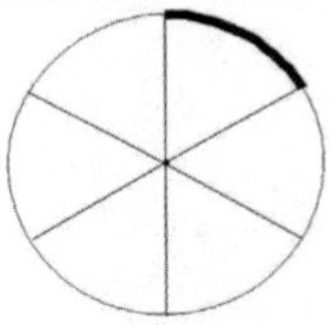	호의 길이 = 원주의 ( ) = ( )×( ) = ( )	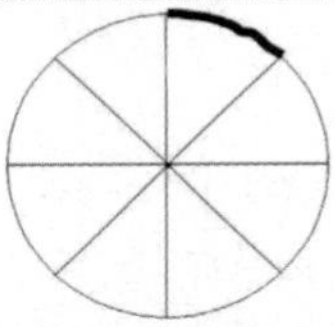	호의 길이 = 원주의 ( ) = ( )×( ) = ( )
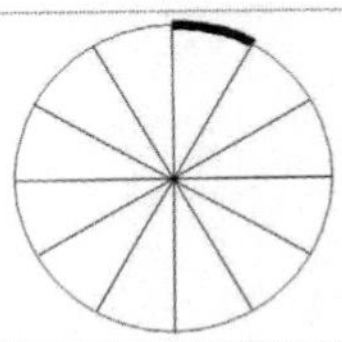	호의 길이 = 원주의 ( ) = ( )×( ) = ( )	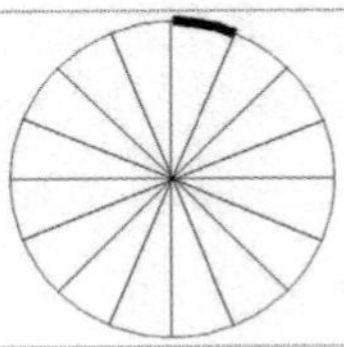	호의 길이 = 원주의 ( ) = ( )×( ) = ( )
원주의 $\frac{1}{60}$ = ( )×( ) = ( )	원주의 $\frac{1}{90}$ = ( )×( ) = ( )	원주의 $\frac{1}{180}$ = ( )×( ) = ( )	원주의 $\frac{1}{360}$ = ( )×( ) = ( )

(2) (1)번에서 구한 값을 보고 호의 길이를 구하는 방법을 생각해 보자.

반지름의 길이가 r, 중심각의 크기가 $x°$인 부채꼴의 호의 길이를 l이라 하면

$$l = (\qquad) \times \frac{(\quad)}{(\quad)}$$

- 2 -

활동지 3-5 **원주율과 원의 넓이** 3. 경험으로 탐구하는 기하학

(3) 부채꼴의 이모저모

- 한 원에서 (   )의 크기가 같은 두 부채꼴의 (   )의 (   )와 (   )는 서로 같다.
- 한 원에서 부채꼴의 (   )의 (   )와 (   )는 (   )의 크기에 (   )한다.
- 한 원에서 (   )의 크기가 같으면 두 부채꼴은 서로 완전히 포개어지므로 그에 대한 두 (   )의 길이와 (   )는 같다.
- 한 원에서 길이가 같은 두 (   )에 대한 (   )의 크기는 서로 같다.

도움 받은 책

수학문화사 I (안재구 지음, 일월서각, 2000년)
수학사(하워드 이브스 지음, 경문사, 1995년)
의 역사(페트르 베크만 지음, 경문사, 2002년)
아르키메데스(셔먼 스타인 지음, 경문사, 2006년)
유클리드의 창(레오나르도 믈로디노프 지음, 까치, 2002년)

각 활동지의 답은 창비교육 자료실에서 내려받은 활동지 파일에 함께 들어있습니다.

창의력을
키우는
과학 수업

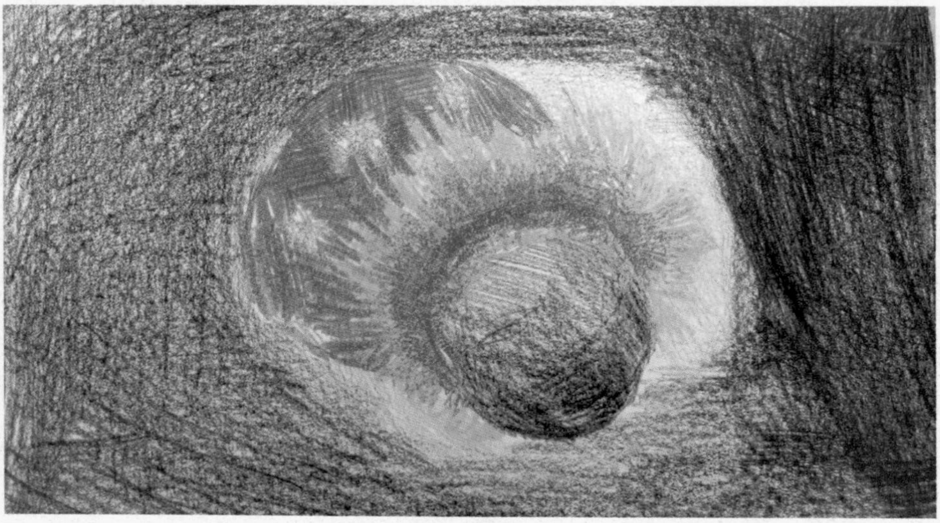

사람들이 가지는 원초적인 지적 호기심, '나'

'나'에 관한 호기심에서 확장되어 우리 가족, 민족, 국가 나아가 인간과 생물

결국은 지구와 우주로까지 지구의 생성과 역사에 관한 호기심을 충족해 보는 시간!

많은 사람들이 빅뱅 이론에 근거한 우주의 역사를 알고 있습니다. 또한 지각의 변화는 판 구조론이라는 지질학적 근거를 통해, 생물의 역사는 화석의 발견이라는 고고학적 근거를 토대로 우리에게 나름대로 알려져 있습니다. 하지만 학생들은 빅뱅과 함께 지구가 생성됐고, 지구의 모습이 처음부터 현재와 비슷했을 것이라고 막연하게 생각하는 경우가 많습니다. 지구 생성 초기의 모습을 알기는 대단히 어려운 문제이고 근거를 밝히기도 어렵습니다. 그렇기 때문에 학생들에게 지구의 생성 과정과 초기 지구의 모습을 생각해 볼 수 있는 기회를 주는 것은 나름대로 의미 있는 수업이 될 수 있으리라 생각합니다.

창의성 신장은 과학 교과가 지닌 중요한 목적 중 하나입니다. 하지만 과학 수업 중에 학생들의 창의성을 신장할 만한 주제는 거의 없다고 할 수 있습니다. 교육과정에 있는 지식을 이해시키고 그 결과를 평가하기 급급한 것이 제가 하는 수업의 현실이었습니다. 이러한 현실 속에서 평가의 정량화나 수치화가 배제되는 자유학기는 과학에 대해 깊게 생각해 보고 더불어 창의성을 키우는 교육을 실시해 볼 수 있는 좋은 기회라고 생각합니다. 창의성은 정답이 주어지지 않았을 때 더 많이 발휘될 수 있습니다. 그래서 아직 밝혀지지 않은 부분이 많은 '지구의 역사'나 '우주의 역사', '인류의 역사' 같은 주제가 학생들에게 자극을 줄 수 있을 것입니다.

이 책에서는 '지구의 역사'를 수업 주제로 제안하고자 합니다. 자유학기가 주로 이루어지는 중학교 1학년 교육과정 중에서 지구의 역사와 관련있는 개념은 '판구조론' 정도로 생각할 수 있습니다. 하지만 폭넓게 생각해 보면 전체 중학교 교육과정의 많은 부분이 지구의 역사와 관련된다고 볼 수 있습니다. 무엇보다 이 수업 주제의 목적이 학생들의 창의성을 신장하기 위한 것이라고 생각한다면 교육과정과 깊은 연관이 없더라도 좋은 주제가 될 것이라 생각합니다.

지구의 역사 상상하기

지구의 역사, 특히 지구의 탄생과 그 이후인 초기 지구의 모습은 아직도 많은 부분이 미지의 영역으로 남아 있습니다. 과학자들이 과학적 추론과 상상력을 바탕으로 지구의 역사를 조금씩 밝혀 나가고 있지만, 학생들에게 확실하지 않은 지식을 가르치고 정기 고사에 시험 문제로 출제하여 정답을 채점하는 것은 과학 교사로서 매우 꺼려지는 일입니다. 그렇지만 생각을 조금만 바꾸어 본다면 밝혀지지 않은 부분이 많기 때문에 오히려 학생들은 지구의 역사에 관해 다양한 사고를 할 수 있고, 창의력을 신장시키기에도 좋은 학습 주제가 될 수 있다고 생각합니다.

이 수업은 다음의 네 가지 관점에서 시도하고 있습니다.

첫째는 학생들이 창의적으로 사고해 볼 수 있도록 하는 것입니다. 학생들에게 자세한 그림이나 일반적인 설명을 제공하는 것보다는 다양한 학설이나 근거를 소개해 주고, 그중에서 스스로 적합하다고 생각하는 것을 고르게 합니다. 그리하여 나중에 자신의 생각이 친구들의 생각과 다를 수도 있다는 것을 학생들이 거부감 없이 받아들일 수 있었으면 좋겠습니다. 즉 정답은 하나가 아니고 여러 가지일 수도 있다고 생각하게 하는 것입니다. 특히 학생들이 다양한 상상을 할 수 있도록 참고 그림은 학생들이 활동을 마친 다음에 보여 주는 것을 염두에 두어야 합니다.

둘째는 지구의 역사를 한눈에 볼 수 있는 기회를 제공하는 것입니다. 학생들이 각자 다른 연대의 지구를 그리고, 그 그림을 모아 전체 학생들과 한눈에 볼 수 있다면 시기별로 다른 지구의 모습을 볼 수 있을 것입니다. 이를 통해 지구의 역사를 시간의 흐름에 따라 정리하며 생각해 볼 수 있습니다.

셋째는 이 수업의 주제가 지구의 전체적인 역사를 상상해 보는 것이더라도 수업의 진정한 목표는 학생들이 지구의 역사 중 어느 한 순간이라도 추론해서 이해하는 것이었으면 합니다. 지구의 역사에 관한 지식을 모두 이해하는 것보다는 지구의 역사를 추론하면서 자신의 이론을 다른 사람들에게 논리적으로 설명하는 것이 목적이 되어야 합니다.

넷째는 학생들이 자신의 이론을 직접 발표해 보도록 하는 것입니다. 정리해서 스스로 결론을 만드는 과정도 중요하지만, 결론을 다른 사람들에게 논리적으로 설명하는 과정도 매우 중요합니다. 정리한 내용을 발표하는 과정에서 스스로 논리적 오류를 느끼거나 정리가 안 되던 부분이 자연스럽게 정리되는 경우가 많기 때문입니다. 즉 단편적으로나마 지구의 역사를 상상하고, 이해하고, 논리적으로 설명해 보자는 것입니다.

참고로 지구의 역사를 전반적으로 볼 수 있는 동영상 자료로 National Geographic Channel의 「지구 탄생 45억년의 비밀」과 EBS의 다큐멘터리 「지구의 탄생과 생명체의 기원」이 있으니 활용하는 것도 좋을 것 같습니다. 또한 과학 월간 간행물 『Newton』의 2015년 7월호를 보면 많은 도움이 될 것입니다.

1차시 46억 년 전 지구의 탄생 과정을 표현해 봅니다. 지구의 탄생에 관한 자료나 그림을 최대한 많이 준비하면 좋습니다. 구글이나 네이버, 다음과 같은 포털 사이트에서 이미지를 검색하여 많은 그림을 찾아볼 수 있습니다. 지구 역사의 초기 부분은 자료를 보여 주기 전에 학생들이 상상해 볼 수 있는 시간을 주고 그 상상을 바탕으로 그림을 그릴 수 있도록 합니다. 그림을 그릴 때에는 약간 두꺼운 도화지에 너무 크지 않게 그리도록 하고 경우에 따라 그린 그림을 오려서 인형극처럼 보여 주게 할 수도 있습니다. 모둠별로 모여 그림을 그리고, 그림을 다 그린 후에는 모둠별 토론을 진행합니다.

시간	주제	내용	tips
5분	도입	- 교사는 10차시 수업 동안 지구의 역사를 상상해 보고 그림으로 표현해 볼 것을 간단히 소개한다. 우선 8차시까지는 그림을 그려 보고, 9차시는 그림을 배열하여 내용을 구성해 본다. 마지막 10차시에는 그림의 내용을 토대로 지구의 역사를 발표해 보도록 한다. - 모둠을 구성하고 그림을 그릴 수 있도록 도화지와 색연필 등을 배부한다.	지구의 역사 특히 초기 지구의 생성 과정은 추론으로 얻어진 결과이므로 학생들도 각자 과학자들처럼 지구의 생성 과정을 추론해 보도록 한다. 추론의 결과는 아직 증명되지 않았으므로 얼마나 설득력 있게 추론하느냐가 중요하다. 학생들이 추론해 보기 전에 먼저 참고 그림을 보여 주고 설명하면 이해하기 쉽다. 하지만 이해를 위한 수업이기보다 창의력을 신장하는 수업이 되기 위해서는 학생들이 조금 답답해하더라도 자세한 설명은 나중에 하는 것이 필요하다. 실제로 학생들의 그림은 시대가 섞이고 앞뒤가 안 맞는 경우가 많지만 일단 창의적으로 생각할 기회를 제공하는 것 자체로 의미가 있다.
25분	안내와 추론	- 학생들에게 눈을 감게 한 다음 지구가 생겨나는 시기를 설명한다. 젊은 원시 태양 주위에 기체와 먼지 그리고 얼음덩이 등 작은 물질이 태양에 합류되지 못하고 넓게 퍼져 있다. 그중 두 개가 충돌하면서 조금 큰 물질이 생겨나고, 이러한 과정이 반복되면서 주위의 다른 미행성들이 합쳐져 점점 성장하게 된다. 이런 과정에서 조금 큰 덩어리는 주위의 작은 것들보다 큰 인력을 가지게 되고 점점 가속화된다. 마찰력이 없는 우주의 충돌은 엄청난 에너지를 발생시켜 점점 뜨겁고 큰 물질의 생성을 가져온다. 이것이 지구의 탄생 과정이다. - 설명을 들은 학생들은 모둠원들과 논의를 거쳐 그 과정을 그림으로 표현해 보도록 한다.	
15분	정리	- 교사는 참고 그림을 보여 주고 학생들이 각자 그린 그림과 비교해 볼 수 있도록 한다. - 학생들이 그린 그림의 장면을 설명하면서 발표하도록 한다.	

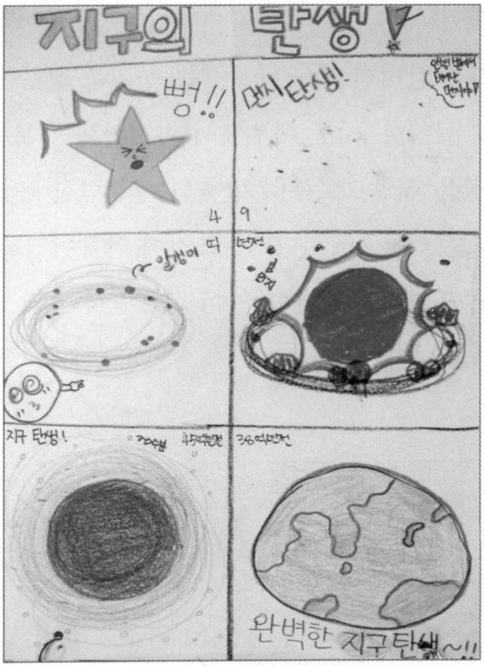

학생들이 그린 지구의 탄생 과정

2차시 46억 년 전 ~ 38억 년 전 지구의 생성 과정 초기를 표현해 봅니다. 원시 지구는 미행성들과 충돌하여 크기가 점점 커지고 중력도 커지는데, 이때 지구는 충돌 에너지로 엄청나게 높은 온도를 가지게 됩니다. 뜨거워진 지구는 마치 마그마 덩어리처럼 변하게 되는데, 이러한 상태를 마그마 오션이라고 부릅니다.

이와 비슷한 시기(약 45억 년 전)에 원시 지구처럼 만들어진 주변의 원시 행성이 지구와 강하게 충돌하면서 지구에 있는 가벼운 물질인 대기와 수증기는 우주로 모두 날아가 버리고, 이후 주변에 있던 작은 물질의 대부분이 모여서 지구를 이루게 됩니다. 달은 그때 충격으로 지구에서 튀어 나온 파편 중 일부가 모여 형성된 것입니다. 충돌이 줄어들면서 점점 식어가던 지구에는 상대적으로 무거운 물질인 철 성분이 내부에 모이고 가벼운 규산화물(흙과 암석 성분)

은 바깥으로 모이게 됩니다.

한편, 여전히 뜨거운 상태인 지구 내부에는 무거운 철분이 모여 액체에 가까운 상태로 회전하게 됩니다. 지구 내부에서 회전하는 철분은 지구의 자기장을 만들어 내고, 자기장은 태양으로부터 방출되는 강력한 유해 전파인 태양풍을 차단하여 지구에서 생명체가 살 수 있는 조건이 만들어집니다. 원시 행성의 충돌로 사라졌던 지구 표면의 수분은 표면이 식으면서 점점 응결되어 모이고 마침내 이것이 바다가 됩니다.

시간	주제	내용	tips
5분	도입	- 지구 생성 초기인 46억7천만 년 전부터 38억 년 전까지의 지구 변화의 모습을 생각해 본다. 초기 지구의 모습인 마그마 오션과 지구와 행성의 충돌로 달이 형성되는 과정을 설명한다. - 모둠을 구성하고 그림을 그릴 수 있도록 도화지와 색연필 등을 배부한다.	지구의 겉모습이 역동적으로 변화하는 시기이다. 이 내용을 모두 이해시키려 한다면 학생들이 쉽게 지칠 수 있으므로 학생들이 이해할 수 있는 정도만 설명한다. 지구의 변화가 큰 시기이지만 학생들의 과학 지식 수준에서 어려울 수 있는 표현은 줄이고 현상에 대해 표현한다. 지구의 모습을 현재와 같은 바다와 대륙이 섞여 있는 원형의 행성으로 표현하는 학생들이 많다.
25분	안내와 추론	- 초기 지구는 계속되는 미행성의 충돌로 높은 온도를 가지게 되고 모든 것이 녹아 있는 마그마 상태가 된다. 이를 마그마 오션이라고 한다. - 지구 형성 초기에 지구와 비슷한 위치에서 태양을 공전하던 테이아 행성과 충돌로 인해 지구 밖으로 튀어나온 파편이 모여서 달이 형성됐다. - 지구의 자전으로 인해 자기장이 생겨난다. - 수많은 운석으로 인해 수분이 생겨 지구에 바다가 생겨나게 된다. - 초기 지구의 변화 모습 중에 한 장면을 골라 모둠원들과 토론하며 그림으로 표현해 본다.	
15분	정리	- 교사는 참고 그림을 보여 주고 학생들이 각자 그린 그림과 비교해 볼 수 있도록 한다. - 학생들이 그린 그림을 설명하면서 발표하도록 한다.	

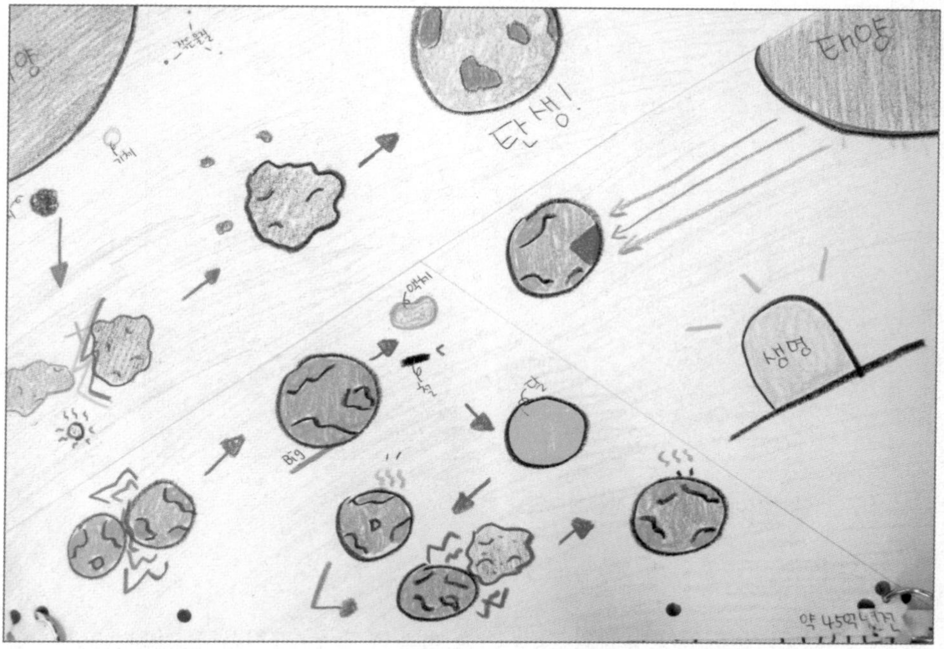
태양
탄생!
생명
Big

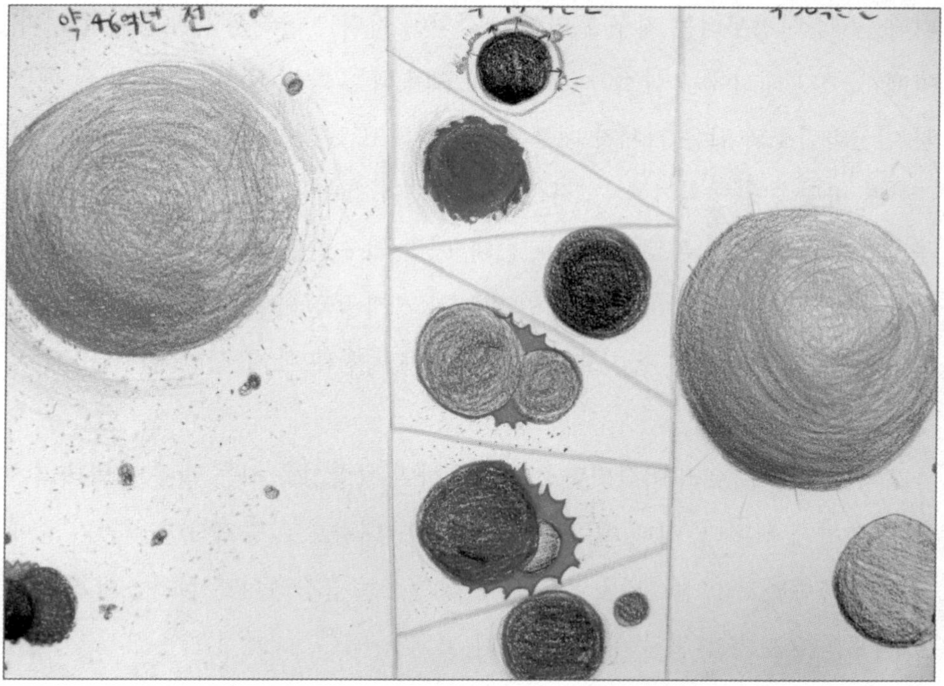
약 46억년 전

학생들이 그린 지구의 생성 과정 초기

3차시 이번 시간에는 생명체의 탄생과 초대륙의 출현 과정을 표현해 보도록 합니다. 38억 년경부터는 지구 표면이 냉각되어 바다로 둘러싸인 모습이 됩니다. 이때 지구의 대기에는 산소가 거의 없고 계속되는 화산 활동으로 방출된 메탄과 이산화탄소와 같은 기체가 대부분을 차지하고 있었습니다.

한편 바닷속에는 식어 있는 지각으로 수분이 스며들게 됩니다. 그러다가 너무 뜨거워지면 다시 위로 솟아오르는데, 이를 열수 분출공이라고 부릅니다. 열수 분출공 주변은 뜨거운 온도로 인해 여러 가지 물질의 화학 반응이 활발하게 일어났고, 그 과정에서 유기물이 생겨났으며 마침내 초기 생명체가 탄생했을 것이라 추측됩니다.

27억 년경에 이르러 이산화탄소를 이용하여 광합성을 하는 시아노 박테리아가 번식하게 됩니다. 이때 시아노 박테리아가 대량으로 증가하면서 공기 중에 산소는 급증하고 이산화탄소와 같은 온실가스는 급감하여 온실가스의 부족으로 지구의 온도가 천천히 내려갔습니다.

22억 년경에는 지구의 적도까지 영하 50℃정도로 냉각되는 지구 동결이 일어납니다. 산소는 증가했으나 온도가 매우 낮아서 시아노 박테리아도 얼음 속에 갇히게 됩니다. 그런 중에도 화산 활동은 계속 일어났기 때문에 지구의 대기 속 온실가스가 점차 회복되고 산소는 여전히 많은 상태에 이릅니다. 이후 점점 따뜻해진 기후와 풍부한 산소로 인해 산소를 이용하는 생명체가 탄생합니다.

9억 년 전에는 꾸준한 지각의 변화로 마침내 바다 위로 대륙이 나타납니다. 초대륙 로디니아의 출현입니다. 지구의 온실가스가 다시 감소하게 되는 6억5천만 년경에는 적도까지 얼음에 뒤덮이는 또 한 번의 지구 동결이 일어납니다.

시간	주제	내용	tips
5분	도입	- 생명의 탄생이 정확히 언제 이루어졌는지 알 수는 없지만 원시적인 생명체가 어떻게 생겨날 수 있는지를 추측해 본다. 그리고 이런 생명체의 태동기에 지구는 어떤 모습을 보이고 있었는지 알아본다. - 모둠을 구성하고 그림을 그릴 수 있도록 도화지와 색연필 등을 배부한다.	지구의 모습이 외부적인 영향보다는 내부적인 영향에 의해 자주 모습을 바꾸게 되는 시기이다. 지구 동결과 온난화가 반복되는 과정을 설명하고, 산소가 증가하여 지금의 생명체가 살아가기 적합한 환경으로 변화하는 과정을 이해시킨다.
25분	안내와 추론	- 지구 생명이 탄생하는 시기와 번성하기 전의 단계를 설명한다. - 열수 분출공에서 지구 생명체가 생겨나는 과정을 그려 보도록 한다. - 시아노 박테리아에 의해 산소가 증가하는 과정을 표현한다. - 온실가스 감소로 지구가 동결되는 것을 표현한다. - 초대륙 로디니아가 탄생하는 것을 그려 보도록 한다.	
15분	정리	- 교사는 참고 그림을 보여 주고 학생들이 각자 그린 그림과 비교해 볼 수 있도록 한다. - 학생들이 그린 그림의 장면을 설명하면서 발표하도록 한다.	

학생들이 그린 초대륙의 출현 과정

4차시 6억5천만 년 전에서 2억 년 사이의 시기에 일어나는 지구의 변화를 중심으로 알아봅니다. 생명의 번성이 일어나는 고생대를 표현하고, 이 시기의 지구의 변화를 주로 설명합니다.

시간	주제	내용	tips
5분	도입	- 6억5천만 년 전부터 2억 년 전까지의 시기에는 바닷속에서 많은 생명체들이 번성한다. 약 4억 년 전에는 육지로 올라오는 생명체들이 생기기 시작한다. - 모둠을 구성하고 그림을 그릴 수 있도록 도화지와 색연필 등을 배부한다.	지구의 모습이 생명체가 번성할 수 있는 조건을 갖추어 가는 시기이며, 고생대에 해당한다. 생물 종이 갑자기 번성했다가 갑자기 멸종한다. 생명체의 멸종의 원인은 밝혀지지 않았지만 대규모 화산 활동에 의한 햇빛의 차단으로 인해 식물부터 멸종이 시작됐을 것으로 추측된다. 학생들은 대규모 화산 폭발로 일어날 수 있는 현상을 생각해 보도록 한다. 그리고 지구에 영향을 주는 화산 폭발은 어느 정도 규모일지 생각해 보도록 한다.
25분	안내와 추론	- 초대륙 로디니아는 점점 분열하고 있다. - 산소의 농도는 점점 증가하고 있다. 4억 년 전에는 산소의 농도가 25%에 이르고 오존층을 점점 두껍게 만들어 생명체들이 물속에서 나올 수 있게 됐다. 3억 년 전 대형 양치식물과 곤충들이 번성할 때는 산소 농도가 30%가 넘게 된다. 2억5천만 년 전에 생물 종의 90%가 멸종하는 대멸종이 일어난다. 정확인 원인은 알 수 없지만, 대규모 화산 활동이 일어났던 흔적이 있다. - 대륙은 초대륙 로디니아가 로렌시아, 앙가라 곤드와나 등으로 분열됐다가 2억5천만 년 전에 다시 초대륙 판게아를 형성했다. 2억 년 전에는 다시 판게아가 분열되기 시작한다.	
15분	정리	- 교사는 참고 그림을 보여 주고 학생들이 각자 그린 그림과 비교해 볼 수 있도록 한다. - 학생들은 자신이 그린 그림의 장면을 설명하면서 발표하도록 한다.	

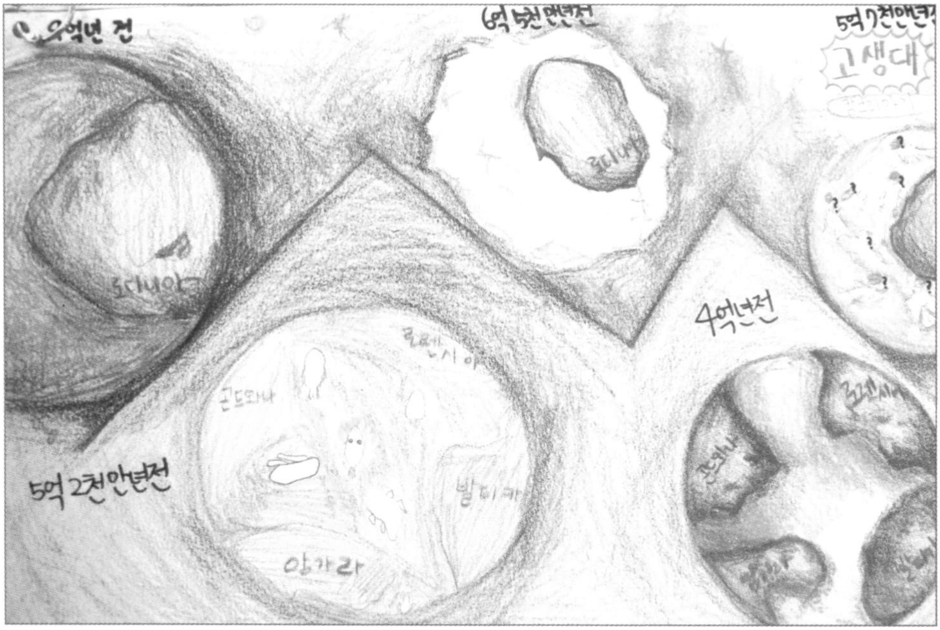

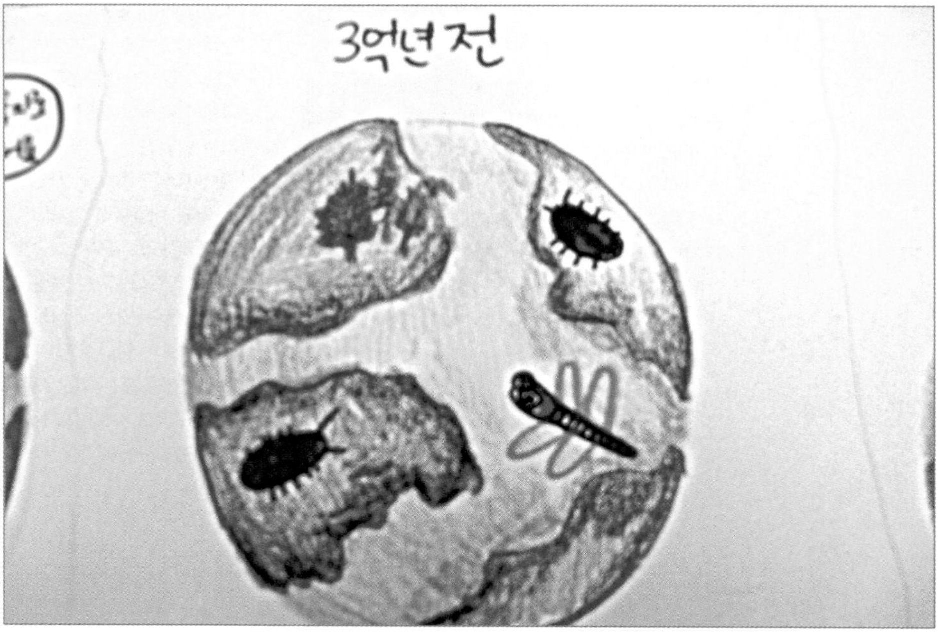

학생들이 그린 고생대의 지구 모습 변화

5차시 이번에는 6억5천만 년 전에서 2억 년 사이의 시기에 일어나는 생물의 변화를 중심으로 알아봅니다. 주로 고생대에 진화하고 번성한 생명체들의 특징을 살펴봅니다. 먼저 학생들에게 고생대 생물 종의 화석 자료를 보여 주고 각자 상상하여 생명체들의 모습을 그리도록 한 후에 화석을 통해 복원한 모습을 보여 주어 학생들이 상상력을 많이 동원할 수 있도록 합니다. 지구의 전체적인 모습과 대륙별 모습을 참고하여 그 모습의 전후 변화를 그려 보도록 하고 다양한 시기의 지구의 모습을 다루어 볼 수도 있습니다. 이 시기의 산소 농도와 온도 변화를 알려 주고 기상 변화와 생물 종의 진화에 어떤 영향을 주었는지 생각하게 합니다.

시간	주제	내용	tips
5분	도입	- 6억만 년 전, 지구 동결 현상이 완화되면서 생명체는 급속도로 진화한다. 원시적인 단세포에서 다세포로, 미생물에서 동물과 식물로 번성하다가 갑자기 대부분 멸종하게 된다. - 모둠을 구성하고 그림을 그릴 수 있도록 도화지와 색연필 등을 배부한다.	이 시기는 고생대 이전부터 고생대에 이르기까지 비교적 생물의 진화가 빠르게 이루어지는 시기이다. 하지만 생물의 진화가 이전 시기에 비해 빠른 것일 뿐 이 시기에도 여전히 현재의 생물 종과는 전혀 다르고 발달하지 않은 생물 종으로 생물계가 구성된다. 이 시기에 이르러 식물과 동물이 생겨나고, 육지에서 생활하는 생물 종이 생겨나게 된다. 3억 년경에 이르러 온난한 날씨와 높은 산소 농도로 거대한 곤충과 양치식물이 번성하지만 2억 5천 년경에 이르러 대다수가 멸종이 된다.
25분	안내와 추론	- 6억 년 전 지구 동결 이후 온난한 날씨가 이어지면서 급격히 생물의 진화가 가속화된다. - 먼저 단세포 생물이 다세포 생물로 진화하여 다양한 수중 생물 환경이 이루어진다. - 5억 년 전에 이르러 다양한 수중 생물이 폭발적으로 번성한다. 이 시기에 눈이 있는 생물이 생겨나면서 생물 간의 생존 경쟁이 치열해진다. - 4억 년 전에는 식물들이, 3억5천만 년 전에는 동물들이 육지 생활을 시작하게 된다. - 3억 년 전에 이르러 고생대 곤충들이 번성하게 되어 대형 양치식물과 대형 곤충들이 번성하게 된다. 2억5천만 년 전에 갑자기 지구 역사상 가장 대규모의 멸종이 일어나게 된다.	
15분	정리	- 교사는 참고 그림을 보여 주고 학생들이 각자 그린 그림과 비교해 볼 수 있도록 한다. - 학생들이 그린 그림의 장면을 설명하면서 발표하도록 한다.	

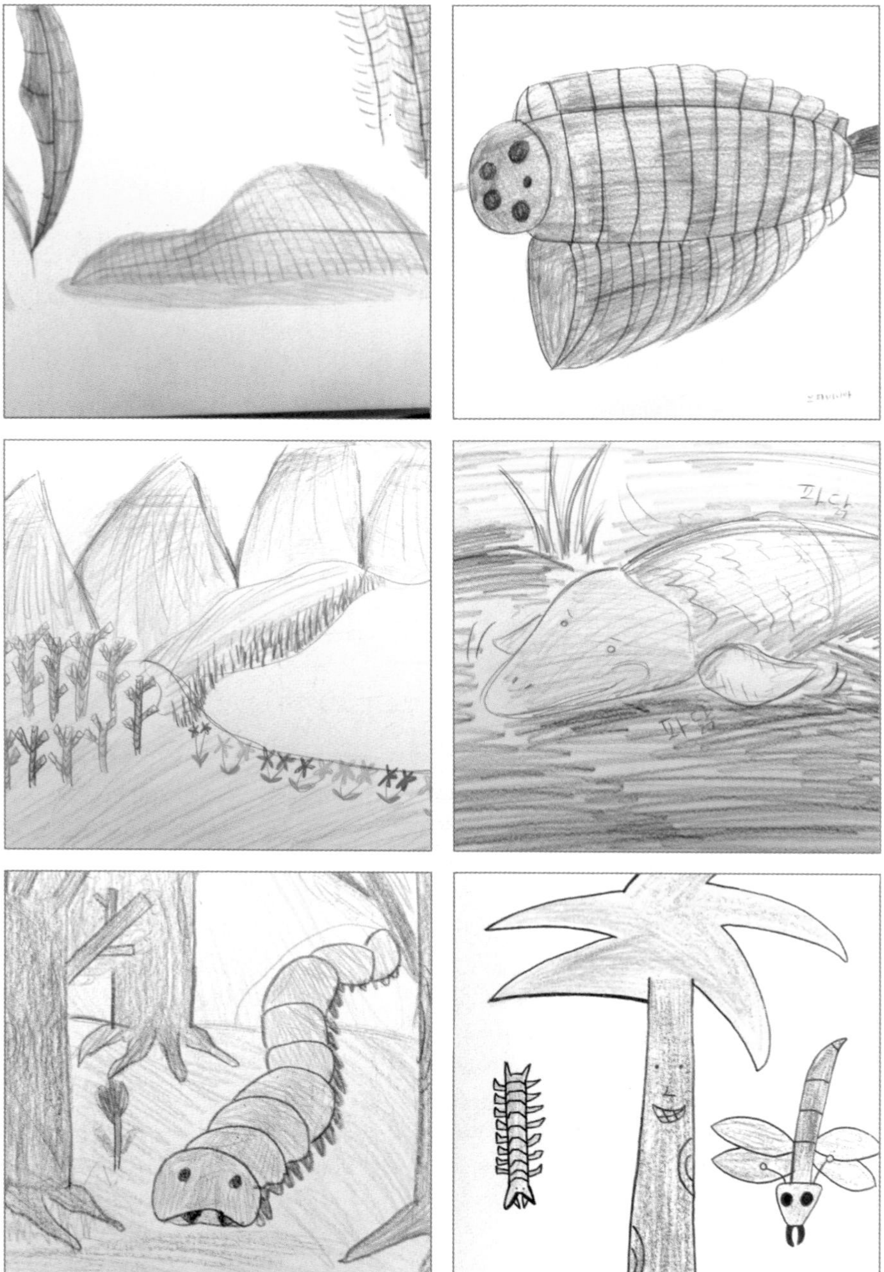

학생들이 그린 고생대에 나타난 생명체들의 모습

6차시 중생대에 해당하는 2억 년 전에서 6천만 년 사이에 나타난 시기의 지구의 생물계를 알아볼 차례입니다. 중생대는 주로 공룡이 번성했던 시기로 판게아 대륙은 분열하고 있고 산소의 농도는 낮았던 것이 특징입니다. 중생대 생물의 모습은 유치원이나 초등학교에서 그림을 통해 볼 기회가 많이 있었을 것이므로 다양한 생물 종을 보여 주어 각자 표현하게 하면 됩니다. 중생대 말 공룡을 비롯한 생물 종의 멸종 시기에 관한 다양한 상황에 대해서도 학생들이 상상력을 발휘할 수 있도록 합니다.

시간	주제	내용	tips
5분	도입	- 낮은 산소 농도에서 공룡이 적응하여 크게 번성하게 된다. 공룡은 몸에 들어온 산소를 이중으로 흡수하여 낮은 산소 농도에서 충분히 산소로 호흡할 수 있었다. - 모둠을 구성하고 그림을 그릴 수 있도록 도화지와 색연필 등을 배부한다.	공룡은 많은 학생들이 유치원생 때나 초등학생 때 관심을 가졌던 주제이다. 비록 체계화되어 있지는 않지만 다양한 공룡에 관한 이해를 가지고 있으므로 흥미를 가지고 수업에 임하는 경우가 많다. 다만 중생대 전반에 걸쳐 공룡이 번성하게 되는 요인 가운데 하나인 호흡 시스템에 관한 설명이 필요하다. 아주 작은 모습의 포유류가 나타나는 것도 설명한다.
25분	안내와 추론	- 초대륙 판게아는 점점 분열하여 1억5천만 년 전에는 두 개의 대륙으로 나눠지고 6천6백만 년 전에는 현재의 대륙들로 나눠진 모습을 보인다. - 용각류: 거대한 초식 공룡으로 디플로도쿠스나 브라키오사우르스에 해당한다. - 수각류: 주로 두 발로 걷는 육식 공룡으로 알로사우르스나 티라노사우르스에 해당한다. - 검룡류: 등에 골판을 가진 초식 공룡으로 스테고사우르스에 해당한다. - 곡룡류: 등에 갑옷을 가진 초식 공룡으로 알로사우르스에 해당한다. - 각룡류: 뿔을 가진 초식 공룡으로 트리케라톱스에 해당한다. 그 외에 물에서 사는 수장룡인 어룡, 날개 달린 프테라노돈 같은 익룡 등이 있었다.	
15분	정리	- 교사는 참고 그림을 보여 주고 학생들이 각자 그린 그림과 비교해 볼 수 있도록 한다. - 학생들이 그린 그림의 장면을 설명하면서 발표하도록 한다.	

학생들이 그린 중생대에 나타난 생명체들의 모습

7차시 6천6백만 년 전 공룡의 멸종을 가져온 지구의 변화에 대해 알아보는 차시입니다. 다양한 학설을 안내해 주고 공룡이 멸종할 수밖에 없었던 원인을 각자 생각해 보도록 합니다.

<table>
<tr><th>시간</th><th>주제</th><th>내용</th><th>tips</th></tr>
<tr><td>5분</td><td>도입</td><td>- 6천6백만 년 전, 중생대에 번성하던 공룡들이 갑자기 멸종한다. 공룡뿐만 아니라 이 시기에 지구 생물 종의 80%가 멸종한다.
- 모둠을 구성하고 그림을 그릴 수 있도록 도화지와 색연필 등을 배부한다.</td><td rowspan="3">소행성의 충돌은 지구 환경의 급격한 변화를 가져왔다. 급격한 환경 변화는 생명체가 미처 적응할 여유를 주지 않았다.
소행성의 충돌은 물리적인 충격뿐만 아니라 산성비와 같은 화학적인 환경에도 많은 변화를 줄 수 있는 사건이다.</td></tr>
<tr><td>25분</td><td>안내와 추론</td><td>- 멸종의 원인으로 거대 화산 폭발 등을 거론하기도 하지만 현재에는 유카탄 반도에 떨어진 소행성의 충돌이 유력하다고 믿어지고 있다.
- 소행성의 충돌은 거대한 쓰나미와 화재를 일으켜서 지구 전체가 연기와 먼지로 뒤덮였고, 태양광이 차단되면서 지구의 평균 온도는 삽시간에 뚝 떨어지게 된다. 하늘을 뒤덮은 연기는 다시 산성비로 내려 육지와 바다를 가리지 않고 생명체가 살아가기에 열악한 환경으로 만들었다. 이런 환경에서 큰 생명체들은 거의 멸종하고 작은 생명체들만 살아남게 된다.</td></tr>
<tr><td>15분</td><td>정리</td><td>- 교사는 참고 그림을 보여 주고 학생들이 그린 그림과 비교해 보도록 한다.
- 학생들이 그린 그림의 장면을 설명하면서 발표하도록 한다.</td></tr>
</table>

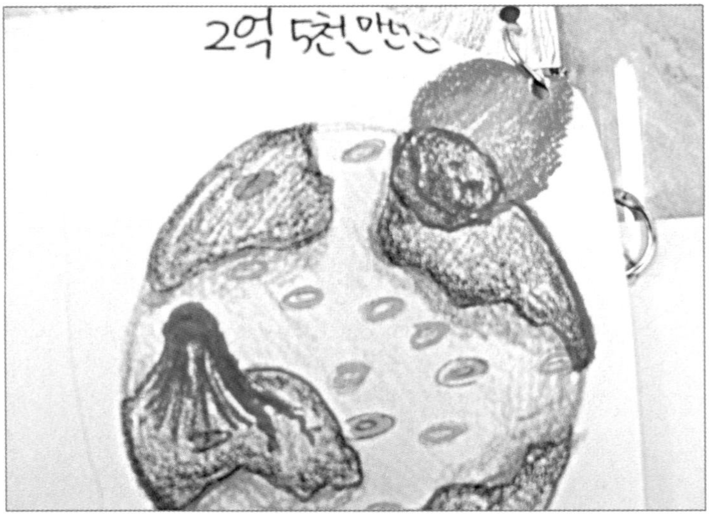

학생들이 그린 공룡의 멸종을 불러온 지구의 변화

8차시 6천만 년 전에서 현재에 이르기까지 신생대에 해당하는 시기의 변화를 알아봅니다. 현재 번성하는 생물 종의 조상과 연관 지어 설명할 수 있지만 그럴 경우 학생들이 너무 광범위하게 느낄 수 있습니다. 신생대의 모습은 현재 모습과 많이 다르지 않으므로 인간과 포유류의 진화와 관련지어 대체적인 변화에 관해 알아보는 것이 좋습니다.

시간	주제	내용	tips
5분	도입	- 중생대에 번성하던 공룡류와 암모나이트류가 멸종하고 육지에서는 포유류와 조류, 물속에서는 경골어류, 식물로는 속씨식물이 번성한다. - 모둠을 구성하고 그림을 그릴 수 있도록 도화지와 색연필 등을 배부한다.	신생대에 이르러 몇 번의 빙하기와 온난한 기후가 반복됐다. 이에 따라 기온이 낮을 때도 활동이 자유로운 온혈 동물인 조류와 포유류가 이전 시대보다 비약적으로 진화하여 번성했다. 현재도 이와 같은 기온의 변화가 있으며 이에 적응하는 생물 종이 번성할 것이다.
25분	안내와 추론	- 식물은 주로 속씨식물이 번성하고 동물은 포유류와 조류가 번성한다. 포유류는 환경에 잘 적응하여 극지방에서 적도에 이르기까지 널리 퍼져 있으며 지능이 발달하여 생존에 유리했다. 조류는 깃털로 덮여 있고 앞다리는 날개로 변화했으며 시력이 특히 발달했다. 주로 날개를 이용하여 하늘을 날아다닌다. 그 외 파충류, 양서류 등 약 120만 종의 생물 종이 번성했다. - 인류는 440만 년 전 이족보행(二足步行)하는 원인에서 200만 년 전 오스트랄로피테쿠스와 40만 년 전 네안데르탈인의 출현을 거쳐 4~5만 년 전에 현생 인류가 구석기 시대를 열었다.	
15분	정리	- 교사는 참고 그림을 보여 주고 학생들이 각자 그린 그림과 비교해 볼 수 있도록 한다. - 학생들이 그린 그림의 장면을 설명하면서 발표하도록 한다.	

학생들이 그린 인류의 진화 과정

9차시 8차시까지 이루어진 수업 결과를 바탕으로 46억 년의 지구 역사를 23분 동안 시간 비율을 맞추어 구성해 보도록 합니다. 먼저 그동안 그린 그림을 모아 칠판에 보여 줍니다. 그림을 오려 인형극처럼 보여 줄 수도 있습니다. 그리고는 연대를 나타낼 수 있는 표시를 한쪽에 들고 있도록 하여 시간의 비율에 맞추어 보여 주도록 합니다. 23분 동안 보여 주는 내용은 동영상으로 촬영해 둡니다.

시간	주제	내용	tips
5분	도입	- 모둠별로 정리하는 시간을 가지고, 그동안 그려 온 그림들을 순서대로 배열하여 시간에 따른 변화 모습을 연결한다.	

25분	안내와 추론	- 각자 그린 그림에 관해 설명해 본다. - 모둠 내에서 지구가 변화하게 되는 이유를 토론해 본다. - 지구의 변화하는 모습을 한 시간에 비교할 때 어느 정도의 시간인지 비교해 본다. - 지구의 역사를 40분으로 볼 때 10분 후에 생명체가 처음 나타나고 36분이 지난 후에 눈을 가진 생명체가 나타나고 38분이 지난 후에 공룡이 나타나고 인류의 조상인 원인은 마지막 0.45초 전에 나타난다.	그동안 했던 수업을 돌이켜 보고 지구의 변화를 시간의 순서대로 이해해 본다. 그리고 각각의 상태가 지속된 시간을 상대적으로 비교해 보도록 한다. 동영상 자료로 National geographic channel의 「지구 탄생: 45억 년의 비밀」을 두 시간에 걸쳐 시청하는 것도 지구의 역사를 전반적으로 이해하는 데 도움이 될 것이다.
15분	정리	- 지구의 역사를 40분이라고 할 때 지구의 역사를 설명해 준다.	

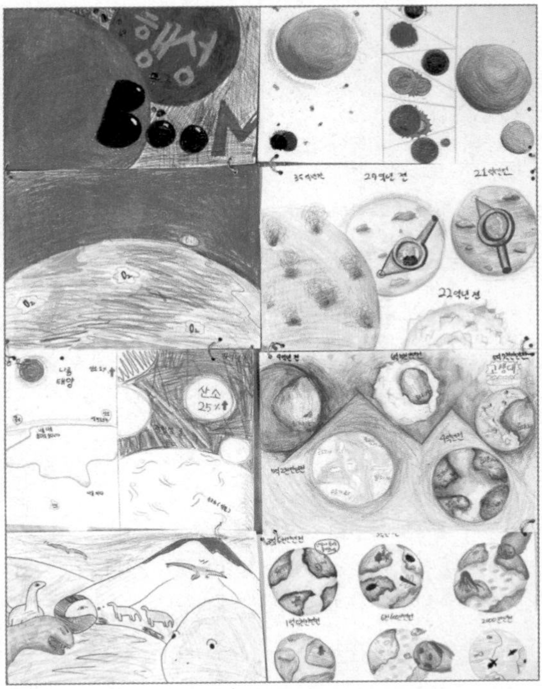

시간의 흐름에 따라 모아 놓은 그림들

10차시 마지막 10차시에는 9차시에 촬영한 동영상을 보여 주고, 학생들의 설명을 들어 보면서 전체 수업을 마무리합니다. 9차시, 10차시 활동에 어려움을 겪을 것으로 보이면 9차시에는 자료 정리를 하고 10차시에는 모둠별로 나와서 대표적인 장면을 설명해 보도록 하는 방법도 있습니다. 물론 교사는 중요한 순간마다 보충 설명을 합니다.

'지구의 역사 상상하기' 수업은 수업 내용을 모두 이해하기보다는 직접 생각해 보도록 하는 데 주안점을 두고 진행하는 것이 중요합니다. 지구의 역사를 논리적으로 이해하기 위해서는 교육과정상 학생들이 아직 접해 보지 않은 내용을 필요로 하는 경우가 많이 있습니다. 수업의 내용을 처음부터 끝까지 논리적으로 설명하기보다는 지구의 역사를 한 장면이라도 전후 관계를 추론해 볼 수 있도록 해야 합니다.

시간	주제	내용	tips
5분	도입	- 지구의 역사를 40분이라고 할 때 지구가 어떤 상태로 얼마 동안 있었는지를 칠판에 그림을 붙였다 떼는 것으로 표현해 본다.	지구의 역사를 40분이라고 할 때 초기의 원인이 나타난 440만 년 전은 0.45초 전에 불과하다. 즉 지금까지의 지구 역사에 있어서 인류는 얼마나 작은 부분을 차지하는지 느끼게 해 준다.
25분	안내와 추론	- 학생들은 그동안 그린 그림을 시간에 맞게 나와서 붙여 보고 떼어 내면서 시간의 흐름에 따라 지구의 모습이 어떻게 변화했는지 상대적인 시간으로 알아본다.	
15분	정리	- 지구의 역사는 태양의 역사와 비슷하고 태양이 소멸할 때 지구도 같이 소멸할 것이며 대략 그 시기는 50억 년 이후가 될 것이라고 정리한다.	

이 수업에서 이야기하는 지구의 역사에 관한 모든 내용이 정확한 사실로 증명된 것은 아닙니다. 아직은 학설과 주장일 뿐 밝혀져야 할 내용이 대부분입니다. 하지만 이러한 주제로 수업을 진행하는 이유는 학생들에게 자유롭게 상상할 기회를 주고 싶기 때문입니다. 다만 완전히 상상만으로 내용을 쓰는 것이 아니라, 주어진 단서를 이용하여 상상하고, 알려진 사실을 기반으로 추론해 보는 것이 과학을 배우는 데 있어서 꼭 필요한 자세이지 않을까 싶습니다.

그래서 충분히 표현해 보는 것이 중요합니다. 설명을 듣고, 이해하고, 기억하는 것은 학생들의 창의력 신장에 분명 한계가 있습니다. 글로 보고서를 작성하면 더할 나위 없이 좋겠지만 중학교 1, 2학년 학생들이 하기에는 아직 어려울 수 있습니다. 그렇기 때문에 학생들이 생각하는 것을 그림으로 표현해 보는 것이 두뇌 안에 있는 논리의 조각들을 맞추어 보는 기회를 제공할 것입니다. 물론 마지막 차시에서는 그동안 수업한 것을 정리해서 발표해 보는 것이 좋습니다.

마지막으로 '오개념'을 인정했으면 합니다. 과학 교사라면 수업 중에 학생들이 가지고 있는 오개념을 정정하거나 이해시키기 어려웠던 기억을 가지고 있을 것이라 생각합니다. 하지만 일반적인 학생의 경우에 오개념의 단계를 거치지 않고 제대로 이해하는 것은 매우 어려운 일입니다. 오히려 오개념이라도 가지고 있다가 다른 학습을 통해 인식의 오류를 깨닫는 것도 과학 학습의 일부분이라고 생각했으면 합니다. 학생들은 특히 이 주제와 관련된 수많은 오개념을 가지고 있을 것이라고 짐작되는데 이를 교정하지 않는 편이 학생들이 지구의 역사를 단편적이나마 이해하는 데 도움이 되리라 생각합니다.

2부

자율 과정

체력 쑥쑥,
인성 쑥쑥
체육 활동

움직임 게임이 뭐지? 체육 수업에서 어떻게 바람직한 인성을 키워?

누구나 쉽게 배울 수 있는 다양한 게임으로 신나는 체육 수업을 만들자!

청소년기는 제2성장기로 사춘기 전후에 해당하는 시기입니다. 이 시기 동안에는 신체 각 부위의 급속한 성장을 겪으며, 지적·정서적 성장과 변화도 현저하게 나타납니다. 특히 중학교 1학년 시기는 신체 및 정신 발달의 측면에서 볼 때, 일생의 체력과 건강의 기틀을 다지는 중요한 시기입니다. 따라서 아이들의 발달 단계에 맞는 다양한 움직임을 통해 신체적·정신적·사회적 성장을 돕는 것이 중요합니다.

한편 중학교 자유학기의 전면 시행으로 학교 체육의 중요성이 더욱 부각되고 있습니다. 체육 교과의 새로운 경향은 청소년이 가지고 있는 운동 잠재 능력을 충분히 발현시킬 수 있도록 체육 프로그램을 구성하는 것에 있습니다. 앞으로 소개할 움직임 게임은 학생들의 발달 단계에 맞춰 편성한 프로그램들로 청소년이 가지고 있는 운동 잠재 능력을 충분히 발현시키고, 적절한 자극과 동기를 부여하여 자연스럽게 성취감과 자신감, 팀워크, 공동체 의식 등의 인성 함양을 도울 수 있는 활동이 될 것입니다.

우리가 가르치고 있는 청소년들이 살아갈 미래 사회는 자아 정체성 확립, 건강 증진, 자기 주도적 학습, 여가 선용 등과 같은 자기 관리 능력과 더불어 타인 이해 및 존중, 협동, 리더십(leadership)과 폴로십(followship), 준법정신과 공동체 의식 등과 같은 대인 관계 능력 및 시민 의식이 필수적입니다. 과연 현재의 학교 교육이 이러한 요소들을 충족시킬 수 있을까요? 학교 교육에서는 체육 교과의 특성인 신체 활동을 통해 학생들이 자연스럽게 협동심, 책임감, 팀워크, 공동체 의식 등을 키울 수 있다고 오해하고 있습니다. 그런데 최근의 체육 수업이 기능 중심과 경쟁 중심, 흥미 중심 등에 초점을 맞추다 보니 기대와 달리 학생들의 성향에서 개인주의, 경쟁주의, 폐쇄주의가 나타나고 있습니다. 이러한 현상을 해소하고 학생들의 바람직한 인성 함양을 도울 수 있는 다양한 놀이와 게임을 제안했습니다.

신나는 움직임 게임

체육 교과는 '신체 활동'을 통해 체력 및 운동 능력을 비롯한 건강하고 활기찬 삶에 필요한 능력을 기르고 사회 속에서 바람직한 인성을 발휘함으로써 자신의 삶을 개척하고 체육 문화를 창조적으로 계승·발전시킬 수 있는 기틀을 마련하는 교과입니다. 이에 따라 체육과 교육과정에서는 신체 움직임을 바탕으로 형성되는 건강 관리 능력, 신체 수련 능력, 경기 수행 능력, 신체 표현 능력을 길러 일반 역량인 자기 관리 역량, 지식 정보 처리 역량, 창의적 사고 역량, 심미적 감성 역량, 의사소통 역량, 공동체 역량을 키우고자 합니다.

중학교 체육 수업에서는 초등학교에서 배운 신체 활동을 바탕으로 다양한 운동 기능과 경기력을 향상하고, 운동과 건강에 관한 지식을 이해하며 바람직한 사회적 태도를 기르는 데 중점을 둡니다. 그렇다면 좋은 체육 수업을 만들기 위해 교사는 무엇을 해야 할까요? 교사는 학생들이 체육 활동에 적극적으로 참여할 수 있도록 수업 여건을 개선하고 수행 과제에 적극적으로 참여할 수 있는 다양한 프로그램을 제공해야 합니다.

이 책에서 소개할 신나는 움직임 게임 활동은 중학교 1학년 아이들의 체육 수업에 대한 관심과 몰입을 위해 다양한 움직임을 중심으로 서로 협동하며 자신을 표현할 수 있는 게임으로, 학생들끼리 쉽게 친해질 수 있으며 경기 규칙이 간단하여 쉽게 이해하고 수행할 수 있는 활동입니다. 게임을 할 때에는 지나친 경쟁보다는 즐겁게 참여하는 데에 목적을 두고 모둠이나 개인별 수행 과제 활동 시에는 서로를 배려하는 마음을 가지는 것이 중요합니다. 또한 충분한 준비 운동을 실시하고, 활동 중간에 학생들의 건강 상태를 파악하여 안전사고가 발생하지 않도록 각별히 주의해야 합니다.

활동 1 둘이서 한마음 게임

둘이서 한마음 게임은 체육 수업에 대한 동기 유발과 친구 관계 형성에 도움을 주며, 게임을 통해 자연스럽게 협동과 배려를 배울 수 있는 활동입니다.

● **활동 방법 및 규칙**

① 운동장에 1.5m 정도의 거리를 두고 2개의 평행선을 길게 긋는다.

② 2명 1조가 되어 1명이 손을 잡은 상태에서 앞쪽 상대와 가위바위보를 한다. 이때 첫 진행은 교사가 하며, 비길 경우 승부가 날 때까지 개별적으로(조별로) 실시한다.

③ 가위바위보를 진 조는 뒤돌아 도망가고, 이긴 조는 손을 잡고 달려가 도망가는 상대 조의 팀원 1명을 터치한다. 터치에 성공하면 승점을 얻고 상대팀은 승점만큼 감점(-)을 받는다.

④ 가위바위보를 이겼지만 쫓아가다 손을 놓쳐 버리거나 진 조가 잘 달려서 15m 후방에 위치한 안전지대를 통과하면 승점과 감점 없이 양쪽 모두 0점이다. 단, 진 쪽이 손을 놓고 도망을 간 경우는 자동 감점이 되며, 상대팀은 자동으로 승점을 얻는다.

⑤ 남녀를 구분하여 수업을 진행하는 것이 좋다. 필요에 따라 조를 혼성으로 편성할 때는 가산점이나 보상을 남녀별로 구분하는 것이 좋다.

⑥ 다음 경기를 진행할 때에는 옆으로 한 칸씩 이동하여 새로운 상대와 만나 경기를 진행한다. 이런 식으로 로테이션을 하여 전체 득점을 가지고 평가하면 된다. 차츰 높은 점수를 걸고 경기해야 학생들이 중간에 포기하지 않고 끝까지 참여하며, 경기 틈틈이 조별 점수를 확인하는 것이 동기 유발에 좋다.

1.5m 거리의 두 선 앞에 손을 잡고 선다.

가위바위보를 한다.

같은 것을 낸 경우는 조별로 다시 가위바위보를 한다.

이긴 쪽이 진 쪽을 잡으러 달려간다.

활동 2 패스 터치 게임

패스 터치 게임은 게임을 통해 자연스럽게 공 다루기의 기초를 배울 수 있습니다. 또한 팀 활동 경기로 팀워크의 중요성을 배울 수 있고, 움직임이 많아 체력 향상과 공간 지각력을 키울 수 있는 활동입니다.

● **활동 방법 및 규칙**

① 피구 경기장과 동일한 경기 공간을 만든다. 단, 피구와 달리 공간 이동에 제한이 없어 양쪽 모두 갈 수 있다.

② 피구와 같이 점프볼로 시작하며, 획득한 공은 우리 지역 또는 상대편 지역에 있는 팀원에게 패스할 수 있다. 자기 지역에서는 공을 잡고 걸어 다니거나 뛰어 다닐 수 있지만 상대편 지역에서 공을 가지고 있을 때는 한 발을 축으로 피벗만 가능하다. 즉, 공을 던지지 않고 공을 두 손으로 잡은 상태에서 상대편을 공으로 터치하는 경기이다.

③ 패스를 잘못하여 공이 떨어지거나 터치 시 두 발이 땅에 닿지 않은 경우 또는 공을 던져 사람을 맞춘 경우 등은 반칙으로 상대편 공격이 된다.

④ A팀 선수가 공을 가지고 있지 않을 때는 B 지역에서 자유롭게 이동할 수 있지만 공을 받으면 발을 뗄 수 없다. 이때 공이 B팀으로 넘어가면 B팀 선수는 자기 지역 안에서 공을 가지고 뛰어다닐 수도 있으므로 공수가 전환되는 상황을 염두에 두고 지역을 이동해야 한다.

⑤ 정상적인 플레이로 터치를 당했거나, 경기장에서 두 발이 완전히 벗어난 경우 아웃이다. 한 발만 밖으로 나간 경우는 아웃이 아니다.

⑥ 3분이나 5분 등 제한된 시간 동안 상대편을 많이 터치한 편이 승리하며, 터치를 당해 아웃된 사람은 경기장 밖에서 경기를 계속할 수 있다.

⑦ 경기는 혼성으로 진행하거나 남학생과 여학생을 분리해도 좋다. 또한 모둠별로 리그전이나 토너먼트 경기 방식을 사용할 수도 있다.

두 발이 땅에 닿은 상태에서 터치해야 한다.

공이 땅에 떨어지면 상대편에게 공을 넘긴다.

공을 던져서 맞춰서는 안 된다.

팀원끼리 패스가 빠르게 이루어지도록 한다.

활동 3 배려하는 달리기 게임

배려하는 달리기 게임은 말 그대로 달리기를 잘하는 사람이 그렇지 못한 사람보다 더 많이 달리는 게임으로 모둠이나 반 전체의 단합과 협동, 배려를 기를 수 있는 좋은 활동입니다.

● **활동 방법 및 규칙**

① 60~80m 정도 거리를 두고 양쪽 끝에 출발선을 그린다.

② 남학생과 여학생을 양쪽으로 인원이 같게 하여 출발선 앞에 서게 한다.

③ 배턴을 어느 한쪽에 주고 교사의 출발 신호가 나면 양쪽 첫 번째 주자가 열심히 뛰어 서로 만나는 지점에서 배턴을 주고받은 후 뒤로 돌아 자신이 출발한 지점으로 되돌아간다. 배턴이 있는 사람은 다음 사람에게 배턴을 전달해 주고, 배턴이 없는 사람은 손바닥을 서로 부딪쳐 주면 출발한다.

④ 이런 식으로 계속(2회 반복) 배턴을 주고받아 마지막 주자가 출발선을 통과한 기록으로 순위를 정한다. 이때, 양쪽 주자가 모두 출발선 안으로 들어가야 한다.

⑤ 배려하는 달리기는 잘 달리는 사람이 더 많은 거리를 달려야 하기 때문에 주자의 순서나 출발 동작, 배턴을 주고받은 후 달리기 동작이 중요하다.

⑥ 배턴을 주고받는 지점에서 속도를 줄였다가 주고받은 후 빠르게 방향을 바꿔 자신이 출발했던 곳으로 빠르게 달려가야 한다.

⑦ 배턴이 떨어지지 않도록 주의해야 하며, 특히 출발선에서 다음 주자가 출발할 때 출발선을 넘거나 미리 출발하지 않도록 지도해야 한다.

⑧ 잘 달리는 사람과 잘 못 달리는 사람의 순서를 적절하게 배치하여야 기록 향상에 도움이 될 수 있다는 것을 안내하고 학생들이 최선을 다할 수 있도록 교사는 기록을 게임 중간에 알려 주며 동기를 유발한다.

⑨ 마지막 주자에게는 팀 조끼를 입혀 마지막 차례임을 알 수 있게 한다.

출발 후 서로 만나는 지점에서 배턴을 주고받는다.

배턴을 주고받은 후 다시 출발선으로 달린다.

마지막 주자에게는 팀 조끼를 입힌다.

마지막 두 주자가 결승선을 다 통과해야 한다.

활동 4 가위바위보 짱 게임

가위바위보 짱 게임은 공 다루기, 체력 운동, 이어달리기 등의 운동 기능을 게임을 통해 자연스럽게 배울 수 있으며, 모둠 활동으로 팀의 공동 목표를 위해 서로 협동하는 방법과 책임감 있는 행동을 배울 수 있는 활동입니다.

● 활동 방법 및 규칙

① 8인 1조로 하여 4~5개 조를 편성한다. 각 조별 가위바위보 짱을 선발하거나, 몸이 불편하여 달리기를 하기 어려운 학생을 모둠 짱으로 선발한다.

② 경기장의 길이는 20m로 하고 출발선으로부터 15m 지점에 반환점을 만들어 놓는다. 20m 지점에는 모둠 짱의 구역을 만든다.

③ 각 모둠별 짱은 다른 조와 가위바위보 할 수 있도록 위치를 정한다.
예) 1모둠 짱 → 2모둠 앞, 2모둠 짱 → 3모둠 앞, 3모둠 짱 → 4모둠 앞, 4모둠 짱 → 1모둠 앞

④ 배턴, 공 등을 가지고 출발하여 다른 조의 모둠 짱과 가위바위보를 겨루어 이기면 출발선으로 돌아와 두 번째 사람에게 전달하고, 지면 반환점을 돌아 모둠 짱과 다시 가위바위보를 한다. 승리할 때까지 반환점 돌기와 가위바위보를 계속한다.

⑤ 달리는 방법을 다양하게 하거나 공을 이용하여 게임을 진행하면 학생들이 동기 유발 및 흥미를 느껴 더욱 열심히 참여한다.

⑥ 한 게임이 끝나면 다음 게임에는 모둠 짱의 위치를 다른 모둠 앞으로 이동하게 하거나 모둠에서 새로운 짱이 나올 수 있게 하는 방법도 좋다.

⑦ 경기 진행 시 가위바위보를 할 때 모둠 짱 앞쪽까지 가서 할 수 있도록 지도하며, 경기 규칙을 잘 지킬 수 있도록 사전 교육이 필요하다.

⑧ 마지막 주자가 출발선으로 돌아오는 순서대로 점수를 획득하며 순위에 따라 점수를 다르게 부여한다. 경기 중간에 모둠별 점수를 확인시켜 동기를 유발한

출발 신호와 함께 미션을 수행한다.

공 다루기 미션 후 다음 미션으로 넘어간다.

공을 고깔 위에 잘 올려놓는다.

상대 모둠 짱과 한판 승부를 겨룬다.

활동 5 원 달리기 게임

원 달리기 게임은 게임을 통해 이어달리기 기능과 원 달리기에 필요한 신체적 움직임 활동을 자연스럽게 배울 수 있으며, 모둠별 활동으로 팀의 공동의 목표를 위해 서로 협동하고 책임감 있는 행동을 배울 수 있는 활동입니다.

● **활동 방법 및 규칙**

① 7~8인 1조로 하여 4개 조를 편성한다.

② 지름이 16~18m 정도의 원을 그리고 4개의 구역으로 구분한다.

③ 교사의 출발 신호에 첫 주자 4명이 동시에 출발하며, 원을 따라 달리면서 앞 조의 주자를 터치하면 된다.

④ 한 바퀴를 돌아도 터치되지 않으면 다음 주자에게 배턴을 이어 주면서 계속 경기를 진행하고, 어느 한 조가 다른 한 조를 터치하면 게임이 종료된다. 서로 쫓고 쫓기는 속에서 스릴을 즐길 수 있는 경기이다.

⑤ 한 바퀴를 돌아 다음 주자에게 배턴을 전달해 줄 때 2번째 주자는 앞 조 주자가 지나간 후에 출발선으로 나와야 안전사고가 발생하지 않는다.

⑥ 게임별 점수 부여 방법은 교사가 게임마다 점수를 제시하여 터치한 조는 점수를 부여하고, 터치 당한 조는 감점을 준다.

예) 승리한 팀(터치 팀): +100점 / 패배한 팀(터치 당한 팀): -100점

⑦ 게임마다 조의 위치나 선수들의 순서를 바꿔 주면 더욱 좋다.

예) 1조 → 2조, 2조 → 3조, 3조 → 4조, 4조 → 1조

⑧ 학생 수가 많은 경우는 남학생과 여학생 경기를 분리해도 좋다.

⑨ 안전사고가 발생하지 않도록 사전 교육을 잘 시켜야 하며, 준비 운동도 충분히 실시한다.

원을 그리고 4곳의 출발선에서 팀별로 출발 준비!

한 바퀴를 돌아 다음 주자에게 배턴을 전달한다.

원을 달릴 때 중심을 안쪽을 기울인다.

주자의 순서를 잘 지켜 이어달리기한다.

활동 6 달팽이 드리블 게임

달팽이 드리블 게임은 원 드리블 기능, 체력 운동, 이어달리기 기능 등을 게임을 통해 자연스럽게 배울 수 있는 활동입니다. 원 드리블 기능도 좋아야 하지만 서로 만나는 지점에서 가위바위보도 잘해야 하며, 무엇보다 이 게임은 팀워크가 매우 중요하므로 공동의 목표를 위해 서로 협동하고 책임감 있는 행동을 배울 수 있는 활동입니다.

● **활동 방법 및 규칙**

① 4~5인 1조로 하여 6~8개 조를 편성한다.

② 농구 원 드리블 기능 향상을 위해 달팽이 모양을 그린다.

③ 경기장은 인원이나 수업 환경에 따라 3~5개의 경기장으로 구성하면 좋다.

④ 게임 시 달팽이 안쪽에서 출발하는 팀과 바깥쪽에서 출발하는 팀이 다른데, 안쪽에서 출발하는 팀이 오른손으로 드리블해서 유리하므로 다음 차례에는 출발지를 바꿔 준다.

⑤ 교사의 출발 신호에 맞춰 안에서는 밖으로, 밖에서는 안으로 달팽이 모양을 따라 빠르게 드리블하다가 상대 선수를 만나면 가위바위보를 하는데, 이긴 쪽은 계속 전진하고 진 쪽은 다음 주자가 출발한다.

⑥ 드리블 속도가 빠르고 가위바위보를 잘해야 하며, 상대편 진영을 먼저 점령하는 팀이 승리한다.

⑦ 안쪽 모둠은 오른손을 사용하고 바깥쪽 모둠은 왼손을 사용하여 드리블해야 양손 드리블을 자연스럽게 사용할 수 있게 된다.

⑧ 승리한 모둠은 점수를 부여해 주고 감점은 없으며, 출발 순서를 다양하게 하거나 모둠별로 전략과 전술을 짤 수 있도록 지도한다.

⑨ 드리블하다 서로 부딪치는 일이 없도록 사전 지도를 해야 한다.

달팽이 드리블 게임 준비 완료!

왼손과 오른손을 사용해서 드리블 출발!

서로 만나면 가위바위보!

승리하면 계속 전진! 패하면 다음 주자 출발!

활동 7 공 드리블 얼음 땡 게임

공 드리블 얼음 땡 게임은 즐거운 게임을 통해 공 다루기, 방향 감각, 체력 운동, 공간 지각 능력 등의 운동 기능을 자연스럽게 배울 수 있습니다. 농구 기능에 서투른 학생들에게 익숙한 얼음 땡 게임을 접목한 모둠 및 개인 활동으로, 팀의 공동의 목표를 위해 서로 협동하고 책임감 있는 행동을 배울 수 있는 활동입니다.

● **활동 방법 및 규칙**

① 8인 1조로 하여 4개 조를 편성한다.

② 10m(가로) ×10m(세로) 정사각형을 그리되, 경기장 크기는 경기 방식 및 수업 환경과 기능에 따라 조절한다.

③ 남학생과 여학생을 나누어 경기를 실시하거나 혼성으로 경기를 진행한다.

④ 농구공을 사용하면 좋지만 여학생들은 축구공을 사용해도 된다.

⑤ 술래 1~2명을 정하고 나머지 학생들은 정해진 구역 안에서 농구공을 드리블하며 술래를 피한다. 술래에게 터치를 당할 상황이면 공을 두 손으로 잡고 "얼음!"을 빨리 외친다. 얼음이 아니라면 제자리에 있을 때도 계속해서 드리블해야 한다.

⑥ 드리블하면서 얼음인 친구를 "땡!" 해 주어 모두가 얼음이 되지 않게 한다.

⑦ 얼음을 외치기 전에 술래에게 터치를 당하면 술래가 바뀌고, 모두가 얼음이 됐을 경우 술래가 승리하게 된다.

⑧ 이 게임은 개인별 및 모둠별 경기 진행이 가능하며, 경기 방법과 점수 부여는 다양하게 진행할 수 있다.

⑨ 경기가 과열되어 상대방을 다치게 하거나, 반대로 공을 드리블하지 않고 제자리에 있는 학생들이 없도록 사전에 충분한 안내가 필요하다.

이동할 때는 드리블로~

술래가 앞에 있다. 얼음!

술래가 오기 전에 드리블로 이동!

앗! 공을 놓쳤어.

활동 8 패스 패스 슛 게임

패스 패스 슛 게임은 농구 기초인 체스트 패스와 슛 기능을 익히거나 모둠별 협동심을 이끌어내기 위해 실시하는 게임입니다. 일정한 거리에서 패스를 서로 주고받는 동작을 통해 서로를 배려하고 이해하는 시간을 갖고 슛을 성공시켜야 하는 과정에서 느낄 수 있는 안타까움과 응원의 목소리가 매우 흥미롭습니다.

● 활동 방법 및 규칙

① 15~20인 1조로 하여 2개 조를 편성한다.

② 농구 체스트 패스로 거리가 3m 정도 떨어진 친구에게 패스를 하고 다시 받는 과정을 반복하여 마지막 친구까지 패스를 주고받는다.

③ 마지막 친구에게 패스를 받은 후에는 드리블하여 슛을 성공해야 한다.

④ 슛이 성공한 후 다음 친구에게 공을 패스하고 본인은 마지막 친구의 자리 옆에 서서 패스를 기다린다.

⑤ 농구 경기장 양쪽 사이드라인과 골대에서 동시에 시작하고 마지막 친구가 슛을 성공할 때까지 경쟁한다.

⑥ 정해진 거리를 유지하면서 패스가 이루어지도록 해야 하며, 거리에 맞게 패스의 속도와 방향을 잘 조절하도록 지도한다.

⑦ 패스가 끝나고 슛을 위해 이동할 때는 드리블 없이 할 수 있으며, 성공할 때까지 계속한다.

⑧ 지나친 경쟁보다는 협동과 배려를 할 수 있게 지도한다.

⑨ 안전사고가 발생하지 않도록 충분한 준비 운동을 실시하고 적절히 동기를 유발한다.

체스트 패스로 친구에게 패스!

정해진 거리(3m)를 유지한다.

친구야! 괜찮아.

슛! 제발 성공하길~

즐거운 게임을 통한 인성 쑥쑥!

체육 교과에서 추구하는 인성 분야의 목표는 수용화, 반응화, 가치화, 조직화, 인격화 능력 등을 바탕으로 자기 존중, 자율성, 실천 의지력, 인내심, 자신감, 규칙 준수, 협동심, 책임감, 배려 등을 습득하여 실천하는 것입니다. 또한 체육 교과는 '신체 활동'을 통해 삶의 역량으로써의 학생 상호 간 신뢰성을 형성하여 집단 친화력과 팀워크 향상, 공동체 구성원으로서 상대를 이해하고 배려하는 태도를 기르는 의사소통 역량과 문화적 상상력, 심미성, 공감을 바탕으로 창작과 감상하기 능력인 문화적 소양 역량을 키우고자 합니다.

'인성 쑥쑥!' 게임은 중학교 1학년인 청소년기 학생들이 4~5명으로 소그룹을 만들어 모둠별 게임을 하는 과정에서 바람직한 인성을 기를 수 있도록 다양하고 즐거운 활동으로 구성했습니다. '주사위 인성왕 선발 게임', '인성 다트 게임', '인성 윷놀이 게임', '인성 디스크 게임' 등 인성 게임은 자신과 친구들의 감정을 자연스럽게 드러내야 하므로 독립된 공간을 확보해 주어야 합니다. 또한 '신나는 움직임 게임'과 마찬가지로 지나친 경쟁보다는 즐겁게 참여하는 데 목적을 두고 모둠이나 개인별 수행 과제 활동 시 서로를 배려하는 마음을 가지는 것이 필요합니다.

활동 1 변형 다트 인성 게임

변형 다트 인성 게임은 다트를 던져서 맞춘 점수에 따라 인성왕 보드 판의 미션을 수행하는 게임입니다. 이 과정에서 모둠이 협동하며 감정을 표현하고 인성과 관련된 정의를 알아볼 수 있습니다.

● **활동 방법 및 규칙**

① 4~5인 1조로 하여 2개 조를 편성한다.

② 준비물로는 변형된 다트 게임 판, 인성왕 보드 판, 다트핀, 활동 카드, 감정 카드 등이 필요하다.

③ 일반적인 다트 게임의 점수 체계와 달리 다트 점수판을 변형시켜 마이너스(-) 점수가 있다.

④ 각 모둠장이 모둠원의 수행 순서를 정하여 정해진 순서대로 진행한다.

⑤ 변형 다트 게임 판에 핀을 던져 나온 숫자만큼 인성왕 보드 판의 말을 이동한다.

⑥ '꽝!'은 전진 없이 제자리에 있고, - 점수가 나오면 뒤로 움직여야 한다.

⑦ 101칸의 인성왕 보드 판에 먼저 도달한 모둠이 승리하는데, 점수 칸에 따라 점프나 추락을 할 수 있으므로 목표하는 숫자에 정확하게 던질 수 있는 능력이 매우 필요하다.

⑧ 다트 던지기를 통해 집중력과 던지는 각도 등 다트 기능에 필요한 신체적 능력과 기능적 능력도 동시에 길러진다.

⑨ 안전사고가 발생하지 않도록 충분한 준비 운동을 실시하고, 적절히 동기를 유발한다.

일반적인 다트 게임 판

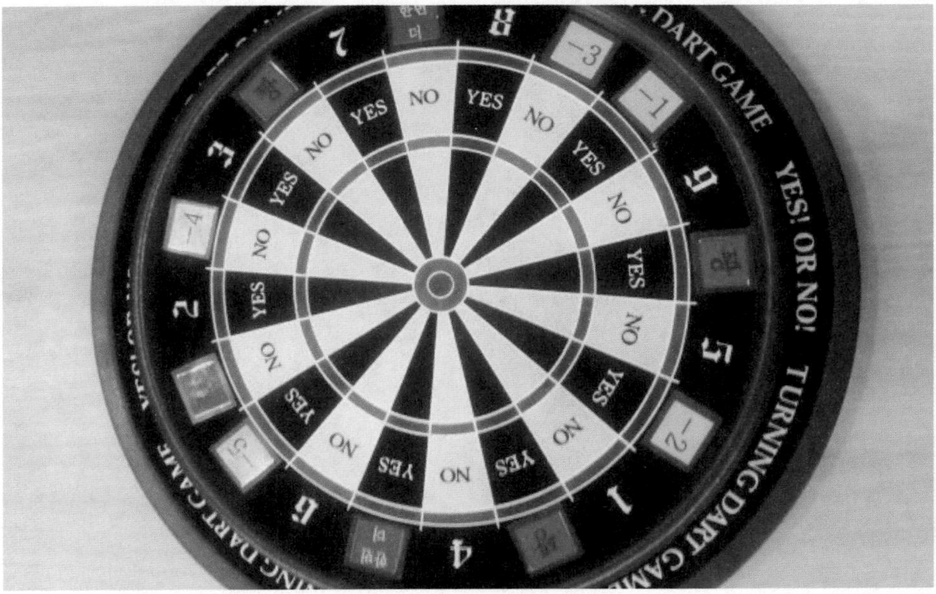

변형된 다트 게임 판(−5점, 꽝! 등)

변형 다트 인성 게임 중~

던져 나온 점수만큼 말 이동 후 미션 수행!

활동 2 윷놀이 인성 게임

윷놀이 인성 게임은 우리가 잘 알고 있는 전통 윷놀이 경기 방식을 적용한 게임으로, 게임의 오락성과 활동 가치를 높이기 위해 전통 윷판을 활용하여 만든 변형 윷놀이 보드 판을 사용합니다. 자신의 감정을 표현하고 친구의 감정을 이해하는 과정을 통해 인성과 관련된 정의를 알고 실천하는 게임입니다.

● **활동 방법 및 규칙**

① 2~3인 1조로 하여 2개조를 편성한다.

② 준비물로는 윷가락 4개, 변형 윷놀이 보드 판, 활동 카드, 감정 카드, 말 2쌍, 차임벨 등이 필요하다.

③ 각 모둠장이 모둠원의 수행 순서를 정하여 정해진 순서대로 진행한다.

④ 정해진 순서대로 윷을 던져 나온 상황에 따라 윷놀이 보드 판의 말을 이동시킨다.

⑤ 일반적인 윷놀이 게임의 형태를 그대로 적용하되, 스마일 스티커가 나오면 감정 카드, 공 스티커가 나오면 활동 카드를 뽑고 미션을 수행하면 앞으로 전진, 실패하면 뒤로 움직여야 한다.

⑥ 모둠별 말 2개가 먼저 나오면 승리하고, 감정 카드나 활동 카드의 미션 수행이 매우 중요하므로 모둠별 협동심이 필요하다.

⑦ 윷놀이 인성 게임을 통해 게임의 즐거움과 집중력, 팀워크를 배울 수 있으며 감정 카드, 활동 카드의 미션을 수행하는 과정에서 존중과 배려심을 기른다.

⑧ 안전사고가 발생하지 않도록 충분한 준비 운동을 실시하고 적절히 동기를 유발한다.

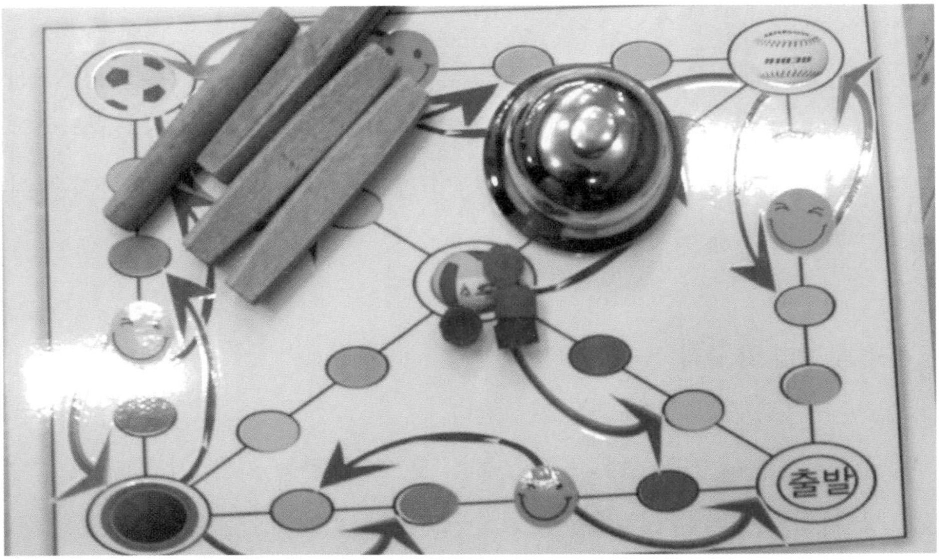

윷놀이 인성 게임 보드 판!

윷놀이 인성 게임 중!

윷놀이 인성 감정 카드 뽑고 표현하기

모둠원의 감정 표현을 30초 안에 맞추기

활동 3 다트 윷놀이 인성 게임

다트 윷놀이 인성 게임은 앞서 제시한 다트 게임과 윷놀이 점수판을 결합한 모둠 활동으로, 핀을 던져 맞춘 것에 따라 변형 윷놀이 보드 판의 미션을 수행하는 과정에서 자신의 감정을 표현하고 인성과 관련된 정의를 알아보는 게임입니다.

● **활동 방법 및 규칙**

① 4~5인 1조로 하여 2개 조를 편성한다.

② 준비물로는 변형 윷놀이 보드 판, 다트 핀, 활동 카드, 감정 카드, 말 2쌍, 차임벨 등이 필요하다.

③ 각 모둠장이 모둠원의 수행 순서를 정하여 정해진 순서대로 진행한다.

④ 정해진 순서대로 윷놀이 다트 게임 판에 핀을 던져 나온 숫자만큼 윷놀이 보드 판의 말을 이동한다.

⑤ 일반적인 윷놀이 게임의 형태를 그대로 적용하되, 스마일 스티커가 나오면 감정 카드, 공 스티커가 나오면 활동 카드를 뽑아 미션을 수행하면 앞으로 실패하면 뒤로 움직여야 한다.

⑥ 각 모둠별 말 2개가 먼저 나오면 승리하는데, 감정 카드나 활동 카드의 미션 수행이 매우 중요하므로 모둠별 협동심이 필요하다.

⑦ 다트 던지기를 통해 집중력과 던지는 각도 등 다트 기능에 필요한 신체적 능력과 기능적 능력도 동시에 길러진다.

⑧ 안전사고가 발생하지 않도록 충분한 준비 운동을 실시하고, 적절히 동기를 유발한다.

윷놀이 다트 인성 게임 판

윷놀이 다트 인성 게임 중!

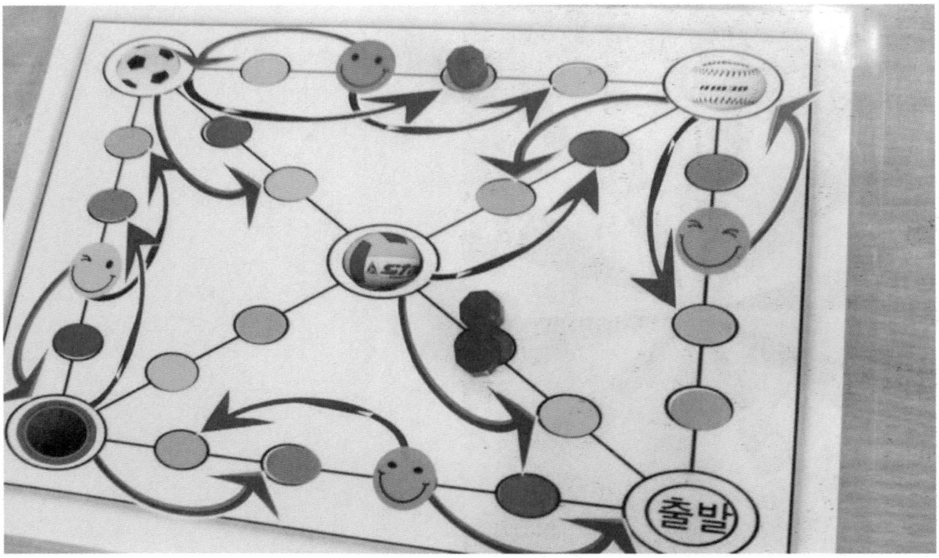

변형된 윷놀이 인성 보드 판

활동 카드 미션 주행 중!

활동 4 주사위 인성 게임

주사위 인성 게임은 두 개의 주사위를 던져 나온 숫자만큼 인성왕 보드 판의 말을 이동하면서 감정 표현, 미션 수행 과정을 통해 다양한 감정을 표현해 보는 활동으로 인성과 관련된 정의를 알아보고, 모둠별로 협동하는 것이 중요한 게임입니다.

● **활동 방법 및 규칙**

① 4~5인 1조로 하여 2개 조를 편성한다.

② 준비물로는 주사위 2개, 인성왕 보드 판, 활동 카드, 감정 카드, 말 2쌍, 차임벨 등이 필요하다.

③ 각 모둠장이 모둠원의 수행 순서를 정하여 정해진 순서대로 진행한다.

④ 정해진 순서대로 주사위를 던져 나온 숫자만큼 인성왕 보드 판의 말을 이동한다.

⑤ 주사위의 숫자만큼 이동 시 스마일 스티커가 나오면 감정 카드, 국기 스티커가 나오면 활동 카드를 뽑아 미션을 수행한다. 감정 카드는 3칸 앞으로, 활동 카드는 카드에 정해진 만큼 전진하지만, 실패하면 반대로 그만큼 물러나야 한다.

⑥ 각 모둠별 101칸(인성왕!)에 먼저 도달하면 승리하는데, 감정 카드나 활동 카드의 미션 수행이 매우 중요하므로 모둠별 협동심이 필요하다.

⑦ 주사위가 정해진 위치에서 벗어나면 무효 처리가 되어 움직일 수 없다.

⑧ 안전사고가 발생하지 않도록 충분한 준비 운동을 실시하고, 적절히 동기를 유발한다.

인성 게임용 주사위 2개

모둠의 순서는 모둠장이 가위바위보로

자, 주사위를 던져 볼까!

8일 나왔으니까, 난 8칸 앞으로!

활동 5 디스크 캐처 인성 게임

디스크 캐처 인성 게임은 디스크를 자신이 원하는 단계의 거리에서 던져 성공하면 그 단계만큼 인성왕 보드 판의 말을 이동하면서 감정을 표현하거나 활동 미션 수행 과정을 통해 감정을 표현하는 활동으로, 인성과 관련된 정의를 알고 모둠별로 협동하는 것이 중요한 게임입니다.

● **활동 방법 및 규칙**

① 4~5인 1조로 하여 2개조를 편성한다.

② 준비물로는 디스크 4개, 디스크 캐처 1개, 인성왕 보드 판, 활동 카드, 감정 카드, 말 2쌍, 차임벨 등이 필요하다.

③ 각 모둠장이 모둠원의 수행 순서를 정하여 정해진 순서대로 진행한다.

④ 정해진 순서대로 자신이 원하는 단계에서 디스크를 던져 성공 시 인성왕 보드 판의 말을 이동시킨다. 경기의 흐름을 잘 보고 단계를 정해야 한다.

⑤ 이동 시 스마일 스티커가 나오면 감정 카드, 국기 스티커가 나오면 활동 카드를 뽑아 미션을 수행한다. 감정 카드는 3칸 앞으로, 활동 카드는 카드에 정해진 만큼 전진한다. 실패하면 반대로 그만큼 뒤로 물러나야 한다.

⑥ 각 모둠별 101칸(인성왕!)에 먼저 도달하면 승리하는데, 감정 카드나 활동 카드의 미션 수행이 매우 중요하므로 모둠별 협동심이 매우 중요하다.

⑦ 던진 디스크가 캐처 안에 정확히 안착됐을 때만 성공이다.

⑧ 디스크 던질 때 안전사고가 발생하지 않도록 주변에 학생들이 없게 지도한다.

인성 게임용 디스크 캐처

성공한 단계만큼 이동할 수 있다.

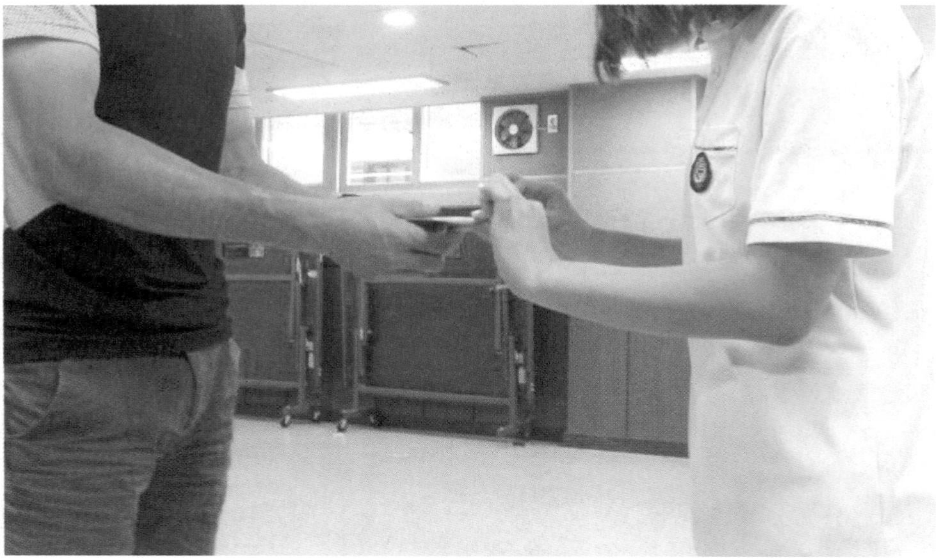

난 5단계 성공! 활동 카드를 뽑는다.

내가 뽑은 인성의 정의를 모둠에게 전달한다.

활동 6 누구나 행복해지는 인성 일기

누구나 행복해지는 인성 일기는 다양한 인성 쑥쑥 게임 활동 후 활동 일기, 다행 일기, 감사 일기, 배려 일기, 감정(느낌) 일기, 기대 일기 등을 작성하는 활동입니다. 인성 게임 활동에 대한 소감, 나의 일상이나 주변 친구들에 대한 생각, 나의 감정이나 앞으로의 기대 등을 모둠 속에서 개인별로 발표하는 기회를 통해 친구를 이해할 수 있는 기회가 될 수 있습니다.

● **활동 방법 및 규칙**

① 4~5인 1조로 하여 7~8개 조를 편성한다.

② 개인별로 '누구나 행복해지는 인성 일기' 1장과 필기도구를 준비한다.

③ 다양한 인성 쑥쑥 게임 활동 후 인성 일기를 작성한다.

④ 인성 일기 작성 시 학생들에게 이 활동에 대한 취지를 충분히 설명하고 적절한 예를 들어 작성하는 데 도움을 주며, 장난으로 작성하지 않도록 지도한다.

⑤ 그동안 같은 모둠으로 함께 활동했던 친구들 중심으로 서로 마주볼 수 있도록 자리를 배치해야 자연스러운 분위기가 형성된다.

⑥ 시간을 제한하지 않고 천천히 이야기할 수 있도록 해야 하며 활동 일기, 감사 일기, 배려 일기, 감정(느낌) 일기, 기대 일기 순으로 작성한다.

⑦ 교사는 모둠별로 돌면서 아이들이 나누는 솔직하고 담백한 이야기를 함께 듣는다.

⑧ 이야기하기 어려운 아이들에게는 시간적으로 여유를 주거나 순서를 변경시켜 생각할 수 있는 기회를 주는 것이 좋다.

자신이 쓴 일기를 친구들에게 소개한다.

친구의 일기 내용도 잘 듣고 서로를 이해한다.

인성 게임용 감정 카드 앞면

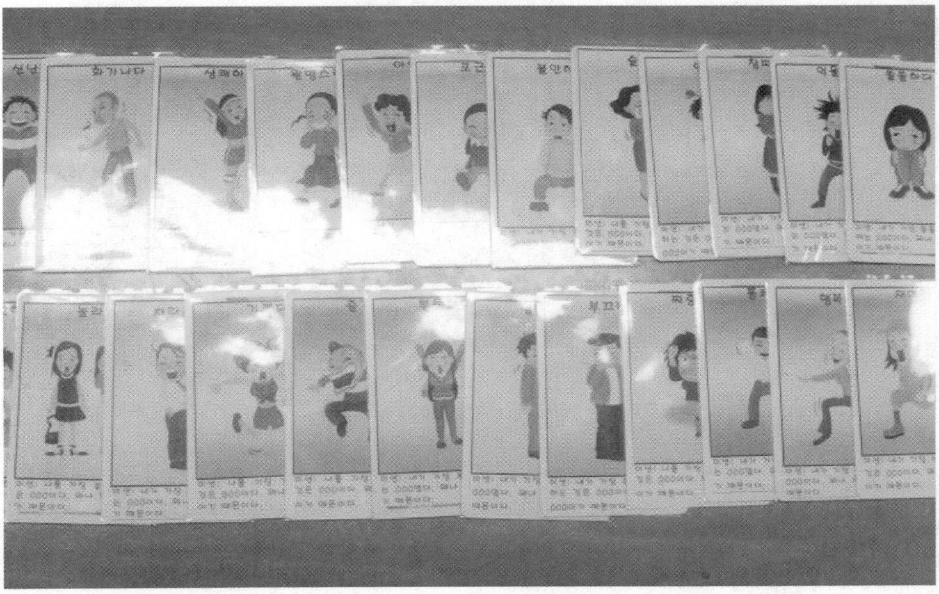

인성 게임용 감정 카드 뒷면

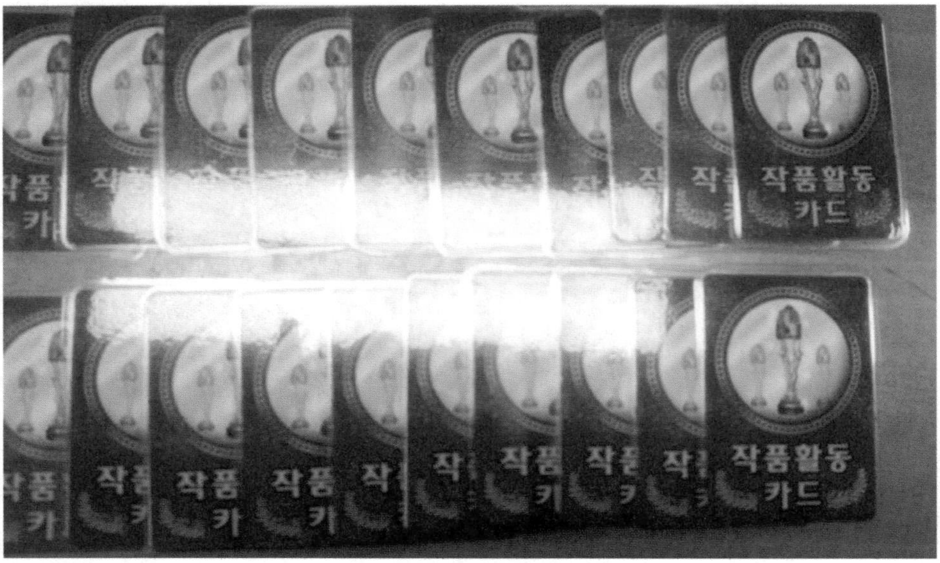

인성 게임용 활동 카드 앞면

인성 게임용 활동 카드 뒷면

이미지 읽기,
이미지로
말하기

나의 눈에 보이는 것과 실제는 같은 것일까

보이는 것은 모두 믿을 수 있는 것일까

보이는 것을 어떻게 해석해야 할까

어떻게 이미지를 통해 생각과 의도를 담을 수 있을까

그 어떤 감각보다 더 강력하고 풍부하게 말을 걸어오는 것. 빛이 사라지거나 눈을 감기 전에는 나에게서 떠나지 않는 것이 시각적 이미지입니다. 세상을 이해하고 인식하는 데 가장 많은 도움이 되는 것도 시각적 이미지이며 때로는 오해와 착각을 불러일으키는 것도 시각적 이미지입니다. 시각적 이미지는 우리 곁에 자연스럽게 존재하면서도 의도적으로 우리에게 말을 걸어오거나 우리의 생각에 영향을 미치기도 합니다. 세상을 만나고 이해하는 것의 시작은 대부분 이미지를 읽고 해석할 수 있다는 것입니다. 그리고 한 걸음 더 나아가 이미지로 자기 생각이나 의지를 표현할 수 있다면 효과적으로 세상과 만나고 소통할 수 있습니다.

자유학기 수업은 가만히 앉아서 머리를 싸매고 고민하는 것보다는 활동적으로, 협력을 통해 문제를 해결하는 데에 관심을 두고 있습니다. 이런 자유학기의 특징을 잘 살려 세상 속에서 이미지를 읽고, 이미지로 말하는 방법에 관한 수업을 제안해 봅니다.

공간에 그리기

늘 똑같게만 느껴지는 학교라는 공간을 기발한 상상으로 바꿔 보면 어떨까요? 공간을 보거나 해석하는 것에 시각적 착시를 더하여 새롭게 비틀어 버린다면 어떨까요? 게다가 혼자 하기는 어려운 일을 함께해 본다면 더 재미있고 놀라운 결과물을 볼 수 있을 것입니다. 고정된 틀을 깨고 나와 공간을 입체적이고 활동적으로 새롭게 해석해 보고 상상력을 더해 봅시다.

준비물은 검정색 종이테이프와 칼만으로도 충분합니다. 여러 가지 색상을 사용하기보다 검정색만 사용하는 편이 훨씬 간결하고 명료하게 표현할 수 있으며 다양한 상상에 도움을 줄 수 있습니다. 모둠은 4~6명을 1개 모둠으로 구성합니다. 모둠을 구성하면 학교 공간을 모둠별로 탐방하며 바꾸거나 재해석하고 싶은 공간을 선택합니다. 모둠 토의를 통해 공간에 알맞은 재해석 아이디어를 확정하고 스케치합니다. 본격적으로 검정색 종이테이프를 붙이기 시작하면 그 과정에서 작업 전과 작업 과정, 작업 후의 모습을 촬영하여 프레젠테이션 때 활용하도록 안내합니다. 완성 후 1주일 정도 전시했다가 철거합니다. 이때는 벽의 페인트가 훼손되지 않도록 학생들에게 주의를 주고, 예술 작품의 생성과 사라짐의 의미에 관해 생각해 보도록 합니다.

주재료로 사용하는 종이테이프는 폭 25mm와 12mm 두 가지를 모두 사용하여 선 굵기를 조절하며 사용하는 것이 좋습니다. 작품의 크기와 내용에 따라 소요되는 테이프의 수량이 다를 수 있는데 보통 모둠별로 8개 정도를 사용합니다. 작품을 만드는 과정에서 교사는 작품의 크기가 과도하게 크거나 학생들의 의도와 상관없이 타인을 욕되게 하는 일이 없도록 살펴야 합니다.

학교 공간 탐색 및 아이디어 스케치

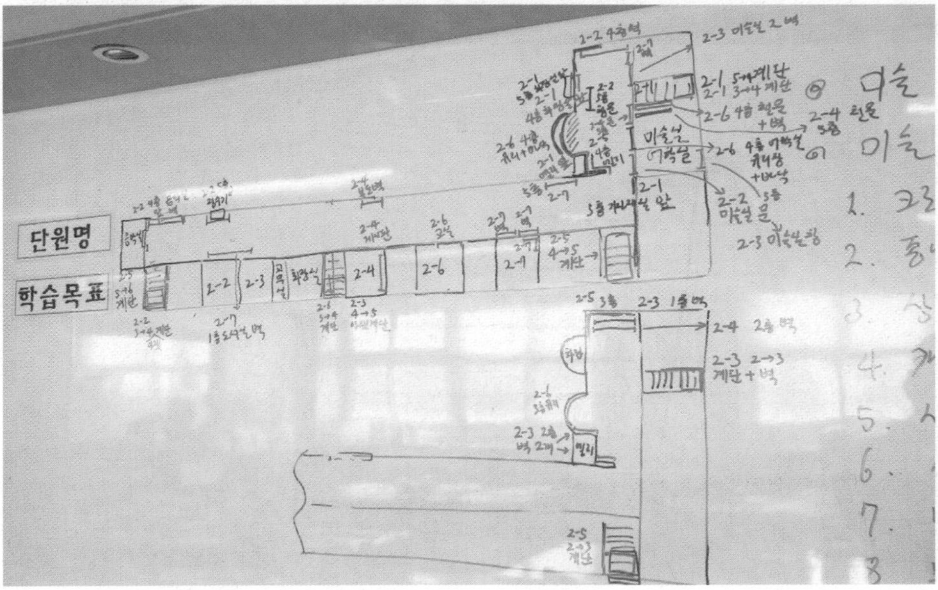

학교 공간에 아이디어 배치

사례 1 시각적 착시

보이는 것과 실제가 꼭 같은 것은 아닙니다. 착시로 인해 눈에 보이는 것은 실제와 전혀 다른 느낌이 들기도 합니다. 착시를 이용하여 학교의 평범한 공간을 색다르게 만들어 보았습니다.

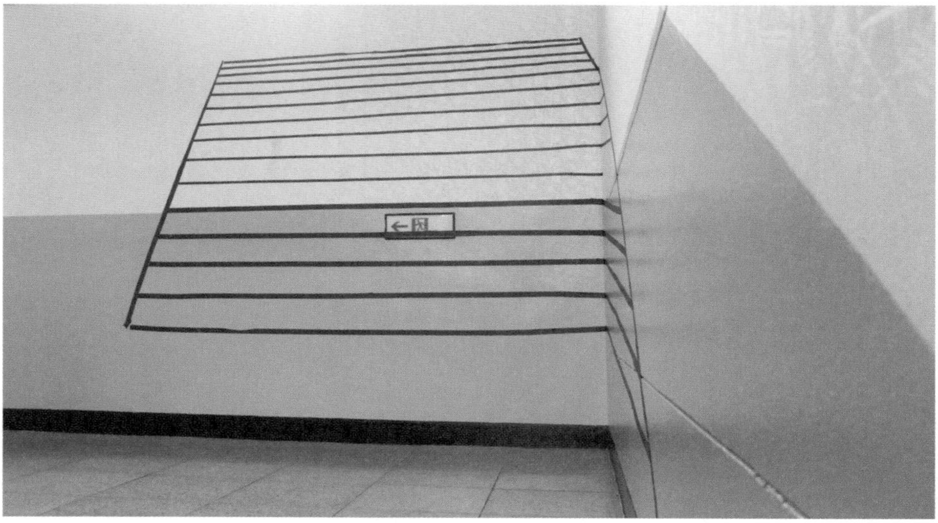

계단을 활용한 착시

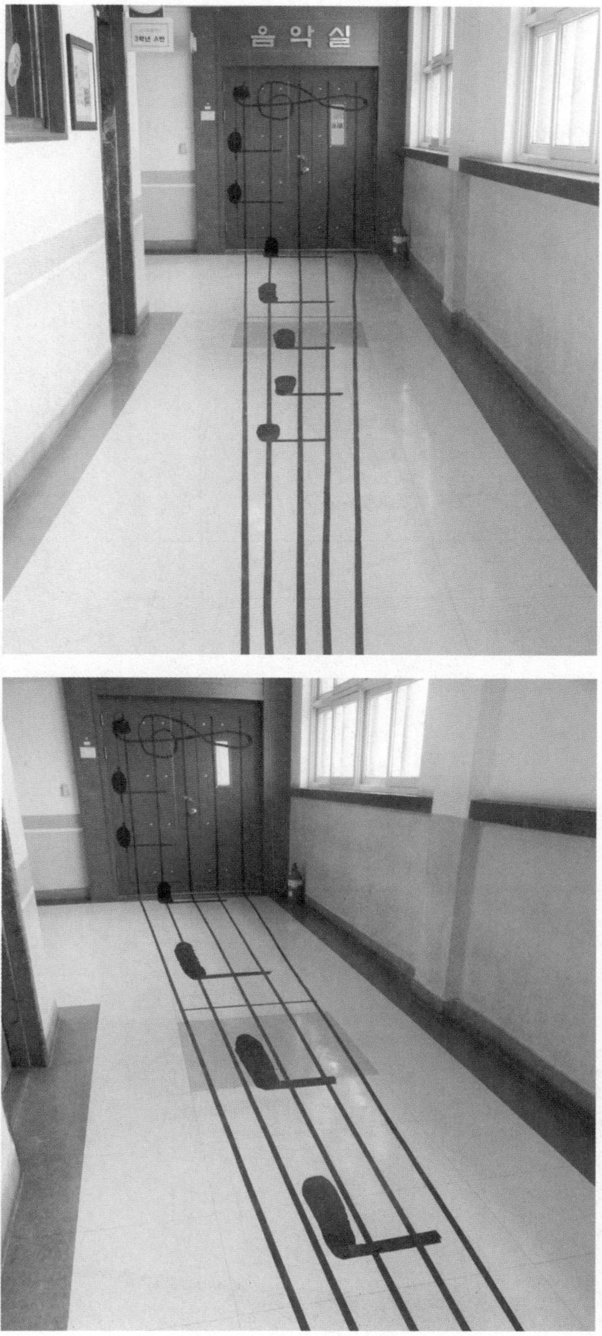

공간의 이미지와 관련한 착시

사례 2 공간에 대한 재해석

따분한 학교가 신나는 놀이공원 같았으면 좋겠다는 마음에서 학생들은 롤러코스터를 만들었습니다. 어떤가요? 학교에 오고 싶어지지 않을까요?

계단을 롤러코스터로 재해석

학교의 빈 벽에 복도에서의 애정 행위를 표현

복도의 끝에 게임기를 설치

자유롭고 싶은 마음을 만화 속 자유의 문으로 표현

신문지로 만든 구조물

공간을 새롭게 만들어 낸다는 것은 만들어진 공간을 활용하는 것과는 전혀 다른 의미입니다. 이 활동을 통해 기하학적인 구조물을 만들어 보고 이를 다시 생활 공간에 배치시켜 새롭게 인식되는 공간에 관하여 학습해 볼 수 있습니다. 특히 추상적인 형상이 주는 느낌과 다양한 해석은 충분히 학생들의 상상력을 자극할 것입니다.

이 활동 역시 간단한 준비물만 있으면 됩니다. 우선 구조물의 주재료인 신문지와 이를 연결하고 고정하는 유리 테이프, 글루 건이 필요합니다. 구조물에 따라 셀로판지나 포스트잇, 사진 등을 활용할 수도 있습니다.

학생들이 신문지를 어떻게 말아서 사용할지 고민하는 것부터 활동이 시작된다고 할 수 있습니다. 신문지를 어떻게 말았느냐에 따라 구조물의 강도가 결정되기 때문입니다. 신문지 마는 팁을 설명하자면 다음과 같습니다.

먼저 신문지를 말 때는 활짝 펼친 상태보다 처음 배달 왔던 상태에서 시작합니다. 그래야 더 빠르고 튼튼하게 말 수 있습니다. 신문지가 두 번 접힌 상태에서 막힌 면을 위로하여 다시 3번을 접어 올립니다. 그 후 다시 가늘게 접어 올리듯이 말아 막대로 만듭니다. 이 신문지 막대에 유리 테이프를 3~4곳 붙여서 고정하면 신문지 막대가 완성됩니다. 물론 가늘게 말아 올릴수록 튼튼합니다. 짧은 막대는 먼저 막대로 만든 후에 필요한 길이만큼 잘라서 사용합니다.

신문지 막대를 충분히 만든 후에는 구조물을 만드는데, 준비한 유리 테이프나 글루 건 등을 구조에 따라 적절히 사용합니다. 교사는 학생들이 설치할 공간의 여유와 특성을 고려하여 구조물을 만들 수 있도록 지도합니다. 구조물이 쓰러지지 않고 하중을 잘 견딜 수 있는 방법을 고민하는 과정에서 건축적 사고도 배울 수 있습니다.

사례 1 모둠별, 반별 구조물 만들기

구조물의 규모가 큰 경우, 1차로 신문지 막대를 이어 다각형 구조물을 여러 개 만들고, 이를 다시 이어 붙여 공간을 가지는 입체 조형물로 완성합니다. 규모가 클수록 모둠원 간, 학급 구성원 간의 협력과 조화가 중요합니다. 기본적으로 구조물이 무너지지 않도록 만들어야 하고, 구조물이 배치될 공간을 고려하여 만들어야 합니다. 특정한 모양을 만드는 것보다는 느낌대로 만들어 다양한 해석이 가능하게 하는 편이 더 좋습니다.

신문지로 만든 구조물

사례 2 소원지 트리

신문지 막대로 구조물 만들기를 응용한 것입니다. 구조물에 소원지나 사진 등을 부착하여 다양하게 활용할 수 있습니다.

소원지 트리 전시회

활동지 1

신문지로 구조물 만들기 채점표

6. 이미지로 읽기, 이미지로 말하기

____ 학년 ____ 반 ________ 모둠

모둠원 ___ 번 ________ ___ 번 ________ ___ 번 ________ ___ 번 ________

1 모둠 | 건축물의 용도 : | 특징 :
아쉬운 점 :

구조의 독창성	☆	☆	☆	☆	☆	구조의 안정성	☆	☆	☆	☆	☆

2 모둠 | 건축물의 용도 : | 특징 :
아쉬운 점 :

구조의 독창성	☆	☆	☆	☆	☆	구조의 안정성	☆	☆	☆	☆	☆

3 모둠 | 건축물의 용도 : | 특징 :
아쉬운 점 :

구조의 독창성	☆	☆	☆	☆	☆	구조의 안정성	☆	☆	☆	☆	☆

4 모둠 | 건축물의 용도 : | 특징 :
아쉬운 점 :

구조의 독창성	☆	☆	☆	☆	☆	구조의 안정성	☆	☆	☆	☆	☆

5 모둠 | 건축물의 용도 : | 특징 :
아쉬운 점 :

구조의 독창성	☆	☆	☆	☆	☆	구조의 안정성	☆	☆	☆	☆	☆

6 모둠 | 건축물의 용도 : | 특징 :
아쉬운 점 :

구조의 독창성	☆	☆	☆	☆	☆	구조의 안정성	☆	☆	☆	☆	☆

7 모둠 | 건축물의 용도 : | 특징 :
아쉬운 점 :

구조의 독창성	☆	☆	☆	☆	☆	구조의 안정성	☆	☆	☆	☆	☆

8 모둠 | 건축물의 용도 : | 특징 :
아쉬운 점 :

구조의 독창성	☆	☆	☆	☆	☆	구조의 안정성	☆	☆	☆	☆	☆

9 모둠 | 건축물의 용도 : | 특징 :
아쉬운 점 :

구조의 독창성	☆	☆	☆	☆	☆	구조의 안정성	☆	☆	☆	☆	☆

- 1 -

미래의 회사 디자인하기

디자인은 프로세스적 접근입니다. 즉, 디자인은 단순한 꾸미기나 예쁘게 만들기가 아니라 문제를 해결하는 방식인 것입니다. 만약 어떤 작업을 할 때 난관에 부딪히거나 미션이 주어진다면 이를 해결하기 위해서는 '시장 조사 – 의견 청취 – 아이디어 발상 – 아이디어 선정 – 적용 – 피드백 – 재수정' 등의 과정을 거쳐야 합니다. '미래의 회사 만들기'를 통해 디자인의 과정을 이해하고, 자신의 미래를 꿈꿔 보며, 회사(단체)를 통한 자기실현과 조직 내에서의 구성원으로 활동해 보는 경험을 할 수 있습니다.

이 활동은 모둠 활동과 개인 활동이 연계되어 있습니다. 먼저 모둠원이 협의해서 사업 계획서를 작성하고, 마크와 로고 자료를 함께 조사합니다. 그 다음은 조사한 자료를 바탕으로 마크와 로고 아이디어 스케치하기, 유니폼이나 명함 디자인하기, 회사 건물 디자인하기 등의 개인 활동을 실시합니다. 물론 교사는 개인 활동 중에도 디자인의 일관성을 유지하기 위해 모둠원이 서로 소통하고 협력해야 함을 강조합니다.

모둠 활동 사업 계획서 예시

우리회사 만들기 프로젝트 - 2015

호잇 (회사명)

사업 계획서

	내 용	비 고
사 원 이름 (반/번호)	[redacted] ⑤ 반 번	
회사(단체)의 하는 일	가능한 한 구체적으로.... 마법도구를 개발하고 판매까지 하는 기업이다. 해리포터에서 영감을 받아 건립된 회사로 '조앤.K.롤링'과 계약을 해서 해리포터 에디션을 주 품목으로 할것이다. 평소 일상생활에 지루함과 조금 더 특별한 하루하루를 보내고 싶어하는 사람들을 주 고객대상으로 하여 도움을 줄 수 있을것이다. 또한, 여태껏 존재하지 않던 기업이므로 처음에는 호기심유발과 점차 갈수록 실력을 인정받아 판매시장을 넓혀가 이윤도 많이 남길 것이다.	- 물건이나 서비스를 만들어서 팔까 (수익사업) - 누군가를 돕거나 더 좋은 세상을 만들까 - 세상에 존재하지 않는 새로운 일은 없을까?
주요 사업 (주요 상품) (주요 서비스) 소개	가능한 한 구체적으로.... 주요상품 : 해리포터 마법도구 에디션 ① 마법지팡이 – 어떤 마법이든 ② 요술빗자루 – 자가용 등 등 주요서비스 : 마법 연구, 도구개발, 안전성검사(실험), 홍보및판매 도구강습	
우리회사 (우리단체) 특징, 장점 등	삶에 지루함을 느끼는 사람들에게 꿈과 희망을 심어준다.	

회사(단체)의 조 직 도 (다음 페이지 '조직도 예시' 참고)	홍보 = 판매 = 디자인/연구 = 컨설턴트	
회사(단체)에서 내가 맡은 일 (할 일)	직책명(학생명)	**각자 할 일(과제물) ·계획(수정 가능)**
	① 판매 (김하준)	① 가격 · 구성품을 어떻게 판매할지 계획
	② 홍보 (정류완)	② 물건의 특징들을 발표
	③ 디자인·연구 (이현주)	③ 도구 디자인과 어떤 기능으로 할 지 연구
	④ 컨설팅 (김나현)	④ 전체적인 틀을 잡아 회사원들에게 발표 - 총괄
	⑤	⑤
기타 우리회사의 특별한 사항 또는 하고 픈 말	창의적인 기업!	

우리회사 만들기 프로젝트 - 2015

<table>
<tr><td></td><td colspan="2">내용 (테블릿으로 인터넷 검색을 통해 작성하시오)</td></tr>
<tr><td>마크 란
무엇인가?</td><td colspan="2">어떠한 뜻을 나타내기 위해 쓰는 부호나 문자 한 상품을 다른 상품과 구별하기위에 붙인 표시</td></tr>
<tr><td>로고 란
무엇인가?</td><td colspan="2">둘 이상의 문자를 짜 맞추어 특별하게 디자인하거나 그림을 그린것</td></tr>
<tr><td rowspan="3">마음에 드는 마크와 로고

선택하여 옮겨 그리시오
+
특징과 느낌을 쓰시오</td><td>

특징과 느낌:</td><td>

특징과 느낌:</td></tr>
<tr><td>

특징과 느낌:</td><td>

특징과 느낌:</td></tr>
<tr><td>

특징과 느낌:</td><td>
특징과 느낌:</td></tr>
<tr><td rowspan="6">우리회사의
이미지는?</td><td colspan="2">우리회사의 주력 상품은? 마법지팡이 및 해리포터 마법도구</td></tr>
<tr><td colspan="2">우리회사를 나타낼 적절한 말은? 아바다케다브라</td></tr>
<tr><td colspan="2">우리회사와 어울리는 색은? 보라색</td></tr>
<tr><td colspan="2">그 이유는 : 대표적인 신비한 느낌의 색</td></tr>
<tr><td colspan="2">우리회사와 어울리는 모양은? 지팡이 모양을 주변에 신비한 색과 여러 모양을 그려놓음.</td></tr>
<tr><td colspan="2">그 이유는 : 주요상품의 이미지</td></tr>
</table>

개인 활동 마크와 로고 아이디어 스케치

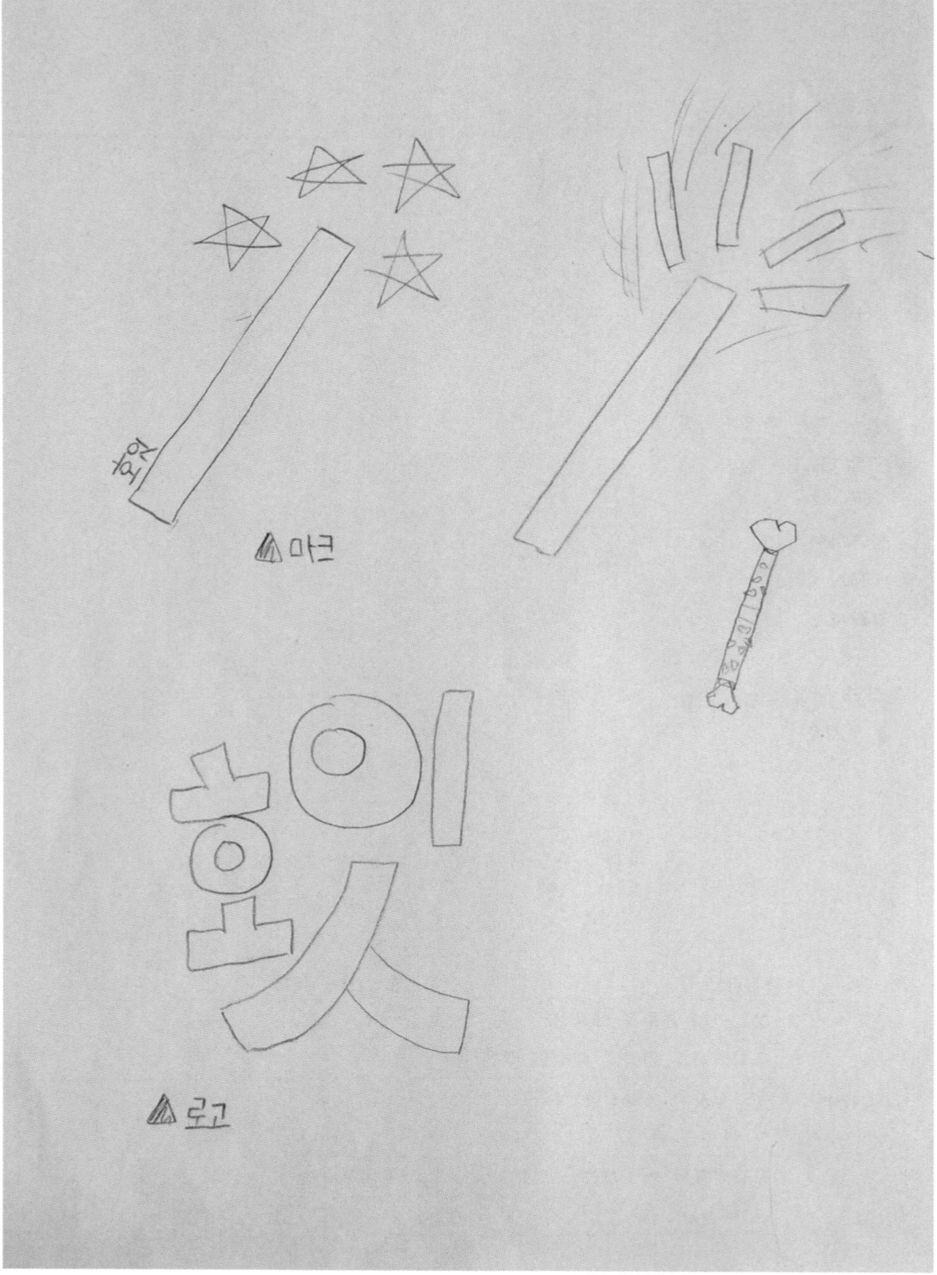

개인 활동 명함 아이디어 스케치

우리회사 만들기 프로젝트 - 20

개인별 활동 1

회사에서 내가 할 일 1	명함
회사에서 내가 할 일 2	(나중에 할 과제
준비물	내가 준비 할 것 : 색연필, 싸인펜, 풀, 가위, 펀치, 실 학교에서 제공 할 것 : 하드보드지, 도화지 미술샘 확인 (
작업 과정 (예상)	1. 명함 종류 검색 -조사 2. 우리 회사에 맞는 명함 모양 고민 and 결정 3. 마크와 이름 등 개인정보를 어디에 넣을지 스케치 4. 색상 결정 5. 하드보드지에 정렬
아이디어 스케치	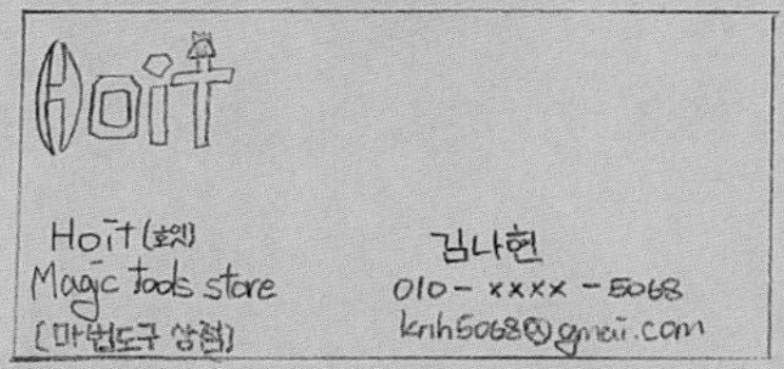 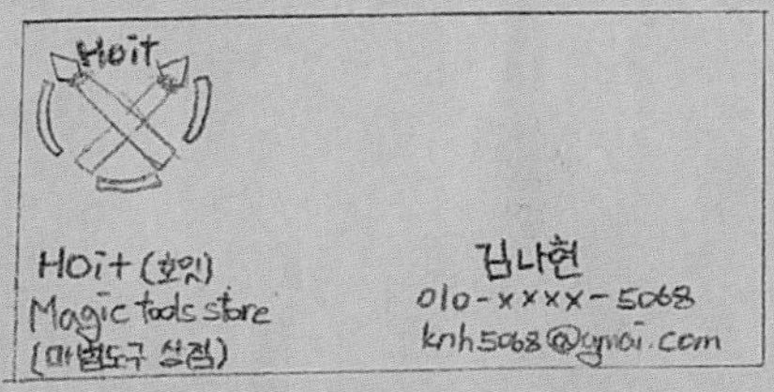 

개인 활동 제품 아이디어 스케치

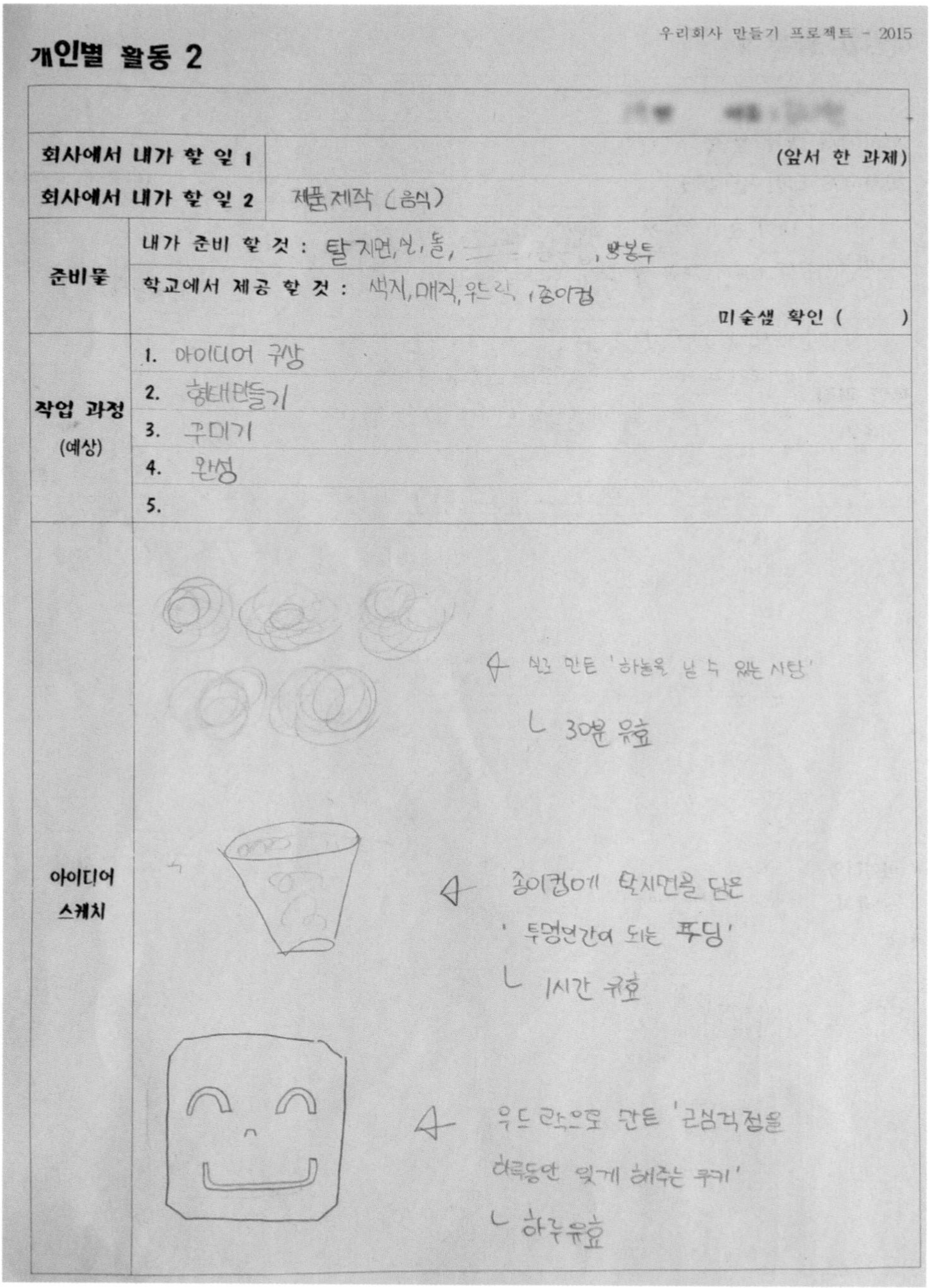

우리회사 만들기 프로젝트 - 2015

개인별 활동 2

회사에서 내가 할 일 1		(앞서 한 과제)
회사에서 내가 할 일 2	제품제작 (음식)	
준비물	내가 준비 할 것 : 탈지면, 실, 돌, , 빵봉투	
	학교에서 제공 할 것 : 색지, 매직, 우드락, 종이컵	미술샘 확인 ( )
작업 과정 (예상)	1. 아이디어 구상	
	2. 형태만들기	
	3. 꾸미기	
	4. 완성	
	5.	
아이디어 스케치	실로 만든 '하늘을 날 수 있는 사탕' └ 30분 유효	
	종이컵에 탈지면을 담은 '투명인간이 되는 푸딩' └ 1시간 유효	
	우드락으로 만든 '근심걱정을 하루동안 잊게 해주는 쿠키' └ 하루유효	

개인 활동 결과 마크와 로고

개인 활동 결과 유니폼 디자인

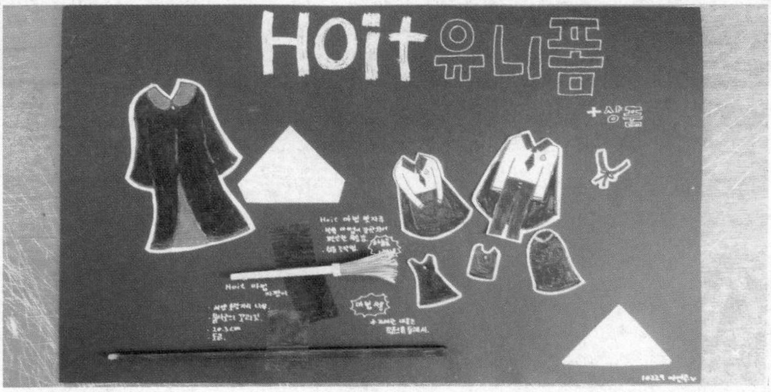

개인 활동 결과 명함 디자인

개인 활동 결과 회사 건물 디자인

개인 활동 결과 제품 디자인

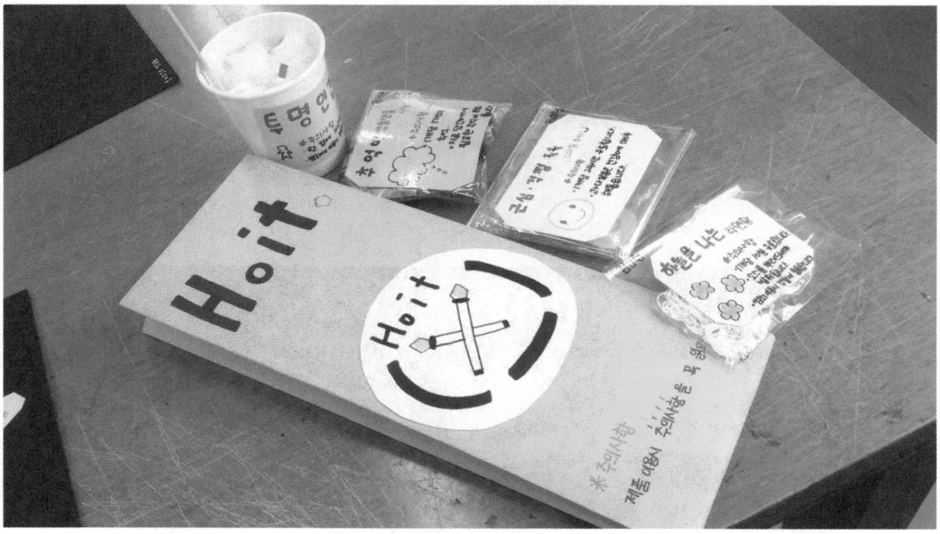

‘누구나’ 목제품 만들기

학생들이 스스로 디자인하고 만든 스마트폰 거치대

단순한 스마트폰 거치대가 아니라

스피커의 위치와 소리의 울림을 고려한 무전원 스피커 역할까지 함께한다는 사실! 놀랍죠?

“내가 과연 목재를 다룰 수 있을까?”라는 걱정만 걷어 낸다면 목재는 상당히 좋은 소재입니다. 우리가 수업 시간에 흔히 사용하는 우드락(폼보드)보다 가공하기는 어렵지만 목재는 미적·심리적 요소, 내구성, (금속 등에 비해) 가공성, 소장 가치 등 여러 장점이 있기 때문에 다양한 실습 분야에 폭넓게 활용할 수 있습니다.

이 프로그램은 교육 현장과 목공을 접목하기 위해 초보 목공인으로서 목재를 다루는 학생들을 지도하기 위한 최소한의 기능에서부터 출발합니다. 가장 기본적인 목공용 전동 공구를 안내하고, ‘무전원 스마트폰 스피커’ 제작 활동을 통해 목공과 친숙해지는 것입니다.

또한, 프로그램 편성 시수에 따라 목공 작업뿐만 아니라 무료 3D 모델링 프로그램을 통한 설계 활동을 할 경우 요즘 화두로 떠오른 3D 프린팅의 기초를 실습해 볼 수 있어 다양한 연계 학습 효과가 있으리라 생각합니다. 3D 모델링은 “머릿속에 떠오른 아이디어를 실제로는 어떻게 구현할 수 있을까?”를 실물을 제작하기 전에 예상해 보는 것입니다. 그 과정에서 문제점을 찾고 보완 방법을 고민해 볼 수 있는 장점도 있습니다. 실제로 아이들과 목공 프로그램을 진행할 때 제작에 들어가기 전 과정에서 아이디어의 평면적인 설계보다 3D 모델링을 통한 입체적인 설계를 했을 경우에 더 활발하게 의견을 주고받으며 문제점을 해결하는 모습을 볼 수 있었습니다. 이 프로그램을 마친 후에 더 나아간다면 다양한 아이디어를 목공 수업 활동에 접목할 수 있을 것입니다.

이 프로그램은 수업 차수, 학생 수준, 학교 시설, 선생님의 지도 방향에 따라 두 가지로 수준을 달리하여 구성할 수 있습니다. 우선 기초 단계는 '기초 목공 기술을 이용해 작품을 제작하는 것으로 각도 절단기만을 사용하기 때문에 목공을 처음 접하는 선생님들도 쉽게 학생들을 지도할 수 있습니다. 각도 절단기를 이용해 목재를 직선으로 재단하여 목공 풀로 결합하면 손쉽게 간단한 작품을 완성할 수 있습니다.

기본 단계는 한 번쯤 목재를 다뤄 본 경험이 있는 선생님들이 학생들과 해 보면 좋은 단계로, '기본 목공 기술'을 이용해 작품을 제작하는 것입니다. 지그소를 이용한 곡선 가공, 핸드 드릴을 이용한 다양한 크기의 구멍 뚫기 등 특수 공구를 사용하여 다양한 기능을 목재를 가공하는 데 적용할 수 있어 자유로운 작품 제작이 가능합니다.

여기에 설계 과정에서 소개할 3D 모델링 과정을 자유학기 프로그램에 추가할 수도 있습니다.

설계 단계

1단계 준비하기

실습에 필요한 실습 도구와 공구입니다. 학생 1인당 필요한 재료와 도구로는 재단목(자작나무 합판 780mm×110mm, 두께 12mm), 목공 풀(조금), 사포(1/3장), 30cm 강철자가 필요하고, 공용 도구로는 직각자가 필요합니다. 교사가 사용할 각도 절단기는 꼭 필요하고, 전동 드라이버와 스카시 톱은 사정에 따라 구입하지 않아도 괜찮습니다. 목재를 제외한 장비 구입 비용은 인터넷 오픈마켓 최저가를 기준으로 대략 100만 원 정도 소요됐습니다. 온라인 오픈 마켓에서 최저가 비교 구매를 통해 물건을 구입하면 예산을 더 절감할 수 있습니다.

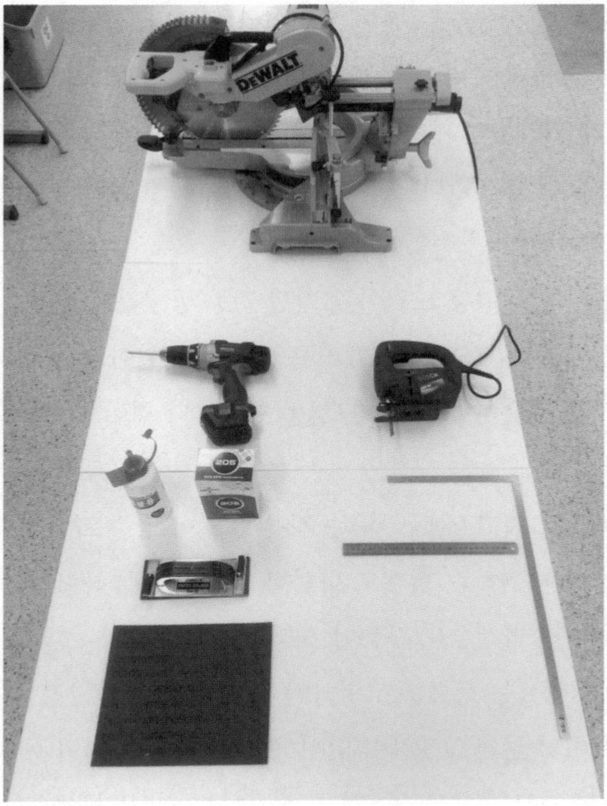

목재를 가공하는 데 사용할 도구와 공구들

필수 공구라고 할 수 있는 각도 절단기는 톱날이 위에서 아래로 내려오는 원형 톱입니다. 손쉬운 사용법으로 널리 사용되며 주로 각재(흔히 각목이라 부름)나 일정한 크기의 판재를 자를 수 있습니다. 자르는 판의 크기는 톱날의 크기(inch)가 클수록 더 넓게 자를 수 있으며 슬라이딩 기능이 있으면 좀 더 큰 판을 자를 수 있습니다. 각도 절단기라는 이름에서 알 수 있듯 좌우 45°까지 자를 수 있어 다양한 모서리를 가공할 수 있는 이점이 있습니다. 인터넷 오픈 마켓에서 검색하면 다양한 제품이 있으며 20만 원대부터 100만 원이 넘는 제품까지 있으니 예산에 맞춰 적절하게 구입하면 됩니다.

추가하면 좋은 전동 공구로 전동 드릴이 있습니다. 사용법이 매우 간단하기 때문에 누구나 손쉽게 조작이 가능합니다. 모터의 용량에 따라 출력이 달라지며, 작은 크기의 구멍을 뚫거나 나사못을 결합하기에 적당한 출력의 충전식 드릴을 구입하는 것이 좋습니다. 충전식 드릴의 출력은 '볼트(V)' 값으로 알 수 있고, 보통 10볼트 이상이면 충분합니다.

탁상 드릴링 머신은 전동 드릴이 고정된 전동 공구라고 생각하면 됩니다. 전원을 켜면 전동 드릴이 회전하고 레버를 당기면 드릴이 아래로 내려오며 목재에 원하는 구멍을 뚫을 수 있습니다. 전동 드릴보다 힘이 세며 좀 더 큰 원을 뚫는데 사용합니다.

다른 전동 공구로 지그소(Jigsaw)는 작은 톱날이 상하로 움직이며 재료를 절단하는 공구입니다. 원하는 형태로 다양한 가공이 가능하며 안전 사항에 유의하고 연습을 한다면 학생들도 사용이 가능합니다.

수동 공구인 클램프는 목재를 고정하기 위해 사용합니다. 전동 공구를 사용할 때 목재를 움직이지 않게 고정해야 안전하며, 변형이 큰 작업(예- 큰 구멍 뚫기, 지그소를 이용한 자르기 등)을 할 때 꼭 사용하는 것이 안전사고를 예방하는 데 좋습니다.

목재는 자작나무 합판을 사용합니다. 원목에 가까운 집성재를 사용할 수 있으나 나뭇결에 따라 쪼개질 수 있기 때문에 합판을 선택했으며 일반 합판에 비해 비싸긴 하지만, 시선이 닿는 곳에 두고 사용할 것과 촉감 등을 고려하여 품질이 좋은 자작나무 합판을 사용했습니다. 두께는 10mm, 12mm, 18mm, 24mm 등이 있는데 이 활동에서는 가공성 및 내구성을 고려하여 12mm를 선택했습니다.

목재는 의외로 간단하게 구입하여 학교로 배송받을 수 있습니다. 인터넷에 '목재 구입'으로 검색하면 목재를 구입할 수 있는 다양한 인터넷 사이트를 찾을 수 있습니다. 한번 둘러보면 다양한 종류의 목재, 목공 관련 제품을 팔고 있음을 알 수 있습니다. 많이 알려진 대신특수목재, 철천지 외에도 인터넷 오픈 마켓에서 필요한 크기를 입력하면 재단한 목재를 배송해 주는 업체도 있습니다.

일반적으로 목재를 구입할 때는 '판' 단위로 구입을 합니다. 학교에 재단할 수 있는 장비(테이블 소 등)가 있다면 원판으로 받아서 재단하는 방법으로 예산을 아낄 수 있습니다. 하지만 많은 학생들이 사용할 재료를 일일이 재단하려면 많은 시간과 힘을 들여야 합니다. 따라서 대규모 실습을 할 때는 1명에게 나눠 줄 판의 크기를 정하고 목재 판매 사이트에 상담(재단비, 배송비, 배송 방법, 목재 가격 등)하여 필요한 크기로 재단한 목재를 배송받는 것이 좋습니다.

만일 선택한 자작나무 합판의 크기가 2440mm × 1220mm라면 제작할 작품의 크기를 고려해서 최대한 버려지는 부분이 없도록 재단을 하는 것이 중요합니다. 저는 이번 스마트폰 무전원 스피커 만들기에 사용할 목재의 크기를 890mm×100mm로 정했습니다. 현재 판매되는 스마트폰의 크기와 3mm 재단 손실을 감안하여 100mm로 결정했으며 5조각으로 구성된 기본 모델을 만드는 데 필요한 길이를 890mm로 계산했기 때문입니다. 재단 손실이란 톱날의 두께를 말합니다. 일반적으로 많이 사용하는 톱날은 3mm정도이며 자를 경우 3mm가 잘려 나가므로 이를 감안해서 크기를 결정합니다. 이렇게 계산하면 한 판을 재단하여 25명 정도 실습할 분량을 준비할 수 있습니다.

2단계 구상하기

준비한 기본 재료를 이용하여 실습할 프로젝트에 대해 안내하고 자료를 조사할 차례입니다. 유튜브에서 '스마트폰 스피커'로 검색하거나 포털 사이트에서 '무전원 스피커' 또는 '우든 스피커'로 검색하여 관련 동영상 자료를 보여 주면 학생들에게 좀 더 쉽게 설명할 수 있습니다. 스마트폰은 학생들이 가장 관심 있어 하는 것 중 하나이기 때문에 흥미가 상당히 높고, 프로젝트를 수행하고자 하는 자발성이 높습니다.

____ 학년 ____ 반 ____ 번 ________

◎ 활동 안내 - 준비하기

– 평소 집에서 음악을 틀고 그릇이나 냄비에 넣어 두면 소리가 커지는 경험을 해 본 사람이 있을 것입니다. 이는 소리의 특성 때문에 생기는 현상입니다. 소리는 물처럼 한 방향으로 흐르는 것이 아니라 스피커를 중심으로 사방으로 퍼져 나가게 됩니다. 그러나 그릇 등에 넣게 되면 사방으로 퍼져 나가는 소리가 흘러가지 못하고 그릇 면에 반사되어 크고 풍성해집니다. 이러한 원리를 이용해서 스마트폰의 울림을 키워 줄 무전원 스마트폰 스피커 겸 거치대를 만들어 봅시다.

◎ 나무에 대해 이해하기

1. 우리가 일상생활에서 가장 많이 사용하는 재료 3가지는 무엇인가요?

2. 나무는 다른 소재에 비해 어떤 특징을 가지고 있는지 정리해 봅시다.

장점	단점

◎ 소리의 증폭에 영향을 미치는 요인 고민하기

나의 스마트폰 크기, 스피커의 위치를 확인하고 스피커와 울림통을 어떻게 할 것인가를 정리해 봅시다.

프로젝트를 구상하기에 앞서 학생들에게 학교에서 가능한 작업을 안내해야 합니다. 사용할 수 있는 공구가 각도 절단기만 갖춰진 경우에는 목재의 직선 자르기가 가능하고, 지그소도 함께 갖춰져 있다면 곡선 자르기도 가능하며 전동 드릴이 갖춰진 경우에는 가지고 있는 드릴 비트에 따라 다양한 크기의 구멍을 뚫을 수 있다는 것을 사전에 알려 줍니다. 또한 아이디어를 검색할 때 가능한 작업과 가능하지 않은 작업을 사전에 구분하여 작품 구상에 반영하도록 지도 합니다.

그 다음, 스마트폰을 이용해 다양한 스피커를 검색하고 아이디어를 모으도록 지도합니다. '나무 스피커', '무전원 스피커', '소리통' 등 검색어를 달리하면 다양한 작품들을 찾을 수 있습니다. 검색한 자료 중 제작에 참고할 내용은 따로 스크랩하도록 지도합니다. 학생들이 자료 검색을 통해 아이디어를 떠올렸다면, 그것을 자유롭게 표현하여 스케치하도록 진행합니다.

본격적으로 디자인하기에 앞서 스마트폰의 크기, 스피커 위치 등을 고려하여 실제 자신의 스마트폰에 맞도록 디자인해야 하는 것을 일러 주고, 실제 제작할 때 자신의 능력(전동 공구의 이용 등)으로 만들 수 있는 디자인을 하도록 지도 해야 합니다.

학생들은 제작 가능성과 실용성을 생각하지 않고 아이디어 스케치하는 경우가 많습니다. 그래서 아이디어 스케치 후 실제 제작 디자인으로 넘어가기 전에 제작 가능 여부를 미리 알려주는 것이 좋습니다. 또한 학교 여건상 갖추고 있는 장비가 다르기 때문에 학교에서 가능한 작업을 미리 가늠하고 학생들이 현실적으로 제작 가능한 디자인을 할 수 있도록 유의해야 합니다.

마지막으로 학생들이 디자인한 작품을 스스로 발표하는 시간을 가져 봅니다. 발표 자료를 만들어 발표하고, 제작 시 발생하게 될 어려움이나 문제점을 친구들과 함께 토의하고 개선점을 찾습니다.

활동지 2

무전원 스마트폰 스피커 겸 거치대 만들기

____ 학년 ____ 반 ____ 번 ________

◎ 활동 안내 - 구상하기

– 이번 시간은 프로젝트와 관련된 다양한 자료를 검색하고 이와 관련된 아이디어를 스케치하여 실현하기 위한 디자인을 하도록 합니다. 작업의 가능 여부를 감안하여 디자인에 반영하는 것이 중요합니다. 그럼 우리 학교에서 가능한 작업은 무엇일까요?

예시) 목재의 직선 자르기(선생님이 잘라 줍니다.), 곡선 자르기(직접 지그소라는 전동 공구를 연습하고 사용합니다.), 갖춰진 드릴 비트에 따라 다양한 크기의 구멍 뚫기(직접 전동 드릴을 연습하고 사용합니다.)

◎ 디자인하기

1. 자료 조사하기

'나무 스피커', '무전원 스피커', '소리통' 등의 연관 검색어로 자료를 조사합니다. 검색 중 마음에 드는 작품을 발견하면 스마트폰으로 스크랩 또는 캡처하여 다음 단계에서 활용합니다.

2. 아이디어 스케치 및 디자인하기

자료 조사를 통해 찾은 다양한 작품 가운데 발전시켜 제작할 작품을 선정합니다. 스스로의 제작 가능 여부를 판단하여 현실적인 작품으로 디자인합니다. 입체적인 전체 모습을 확인할 수 있도록 디자인하며 그림으로 표현하기 힘든 부분은 글로 표현해도 됩니다.

※ 활동지의 뒷면을 활용하고 부족할 경우 A4용지를 활용하여 그린 후 포트폴리오에 첨부하세요.

3단계 연습하기

3단계는 아이디어를 입체화하여 그려 보고, 실제 제작할 때 필요한 부재를 계산하기 위해 연습하는 과정입니다. 이 과정을 통해 자신의 아이디어를 활용하여 제작도를 그릴 때 발생할 문제점을 미리 깨달을 수 있습니다.

먼저 100mm × 100mm × 100mm 크기의 정육면체를 그려 연습하도록 합니다. 선으로 정육면체를 그리는데, 그림처럼 선으로만 정육면체를 나타내는 것은 그다지 어려운 일은 아닙니다. 하지만 간혹 입체를 그리기 힘들어 하는 학생도 있을 수 있으니 지도하면서 한 번씩 둘러보는 것이 좋습니다.

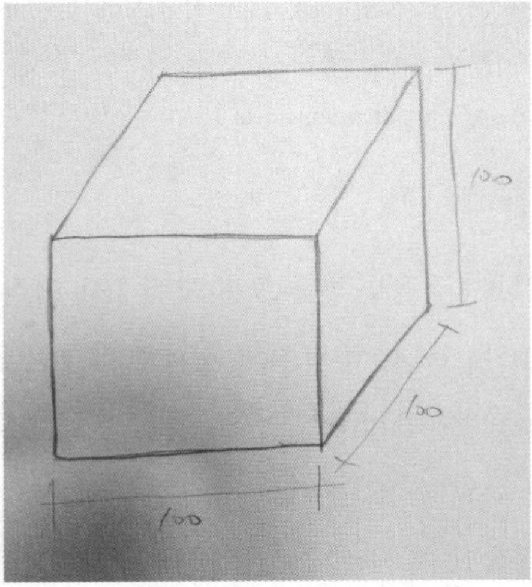

선으로 그린 정육면체

다음은 12mm 두께를 표시해서 그릴 차례입니다. 두께를 표시해서 그리도록 지도하면 이해하지 못하는 학생들이 많습니다. 두께를 그리는 방법을 설명하고 두께를 감안한 치수를 계산하는 것은 학생들이 직접 하도록 지도하는 것이 좋습니다. 그림처럼 치수를 직접 표시해 보고 필요한 부재의 개수와 치수를 써 보도록 지도합니다.

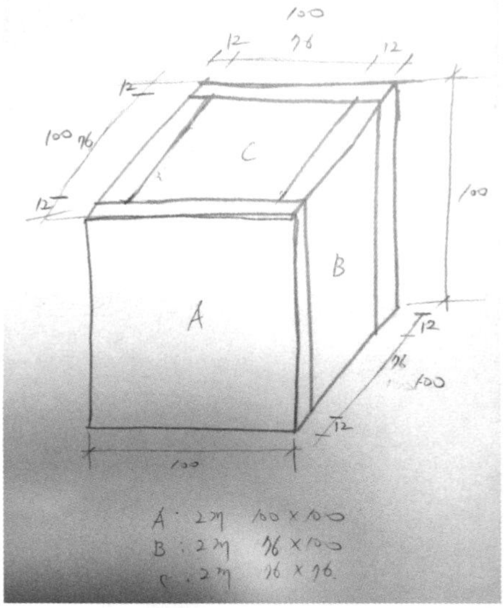

두께를 고려하여 그린 정육면체

목재의 두께를 고려하여 정육면체를 그려 보면 12T 자작나무 합판을 이용하여 100mm × 100mm × 100mm 크기의 정육면체를 만들기 위해서 100mm × 100mm 2개, 100mm × 78mm 2개, 78mm × 78mm 2개, 총 3종류 6개의 부재가 필요하다는 것을 알 수 있습니다. 이 과정을 통해 학생들은 선으로 표현한 스케치를 실제로 제작할 때, 두께까지 고려해야 하기 때문에 서로 다른 종류의 부재가 필요하다는 것을 이해하게 됩니다. 두께를 표현하여 정육면체를 그릴 때 입체적으로 표현하기 어려워하는 학생들이 많습니다. 그럴 경우 먼저 선으로 정육면체를 그리고 나서 두께를 표시하면 좀 더 쉽게 그릴 수 있다는 것을 알려 줍니다.

____ 학년 ____ 반 ____ 번 __________

◎ 활동 안내 - 연습하기

– 이번 시간은 여러분의 아이디어를 실체화하기 위한 제작도 그리기를 연습해 보겠습니다. 아이디어 스케치를 실제 제품으로 만들기 위해서 각 부재의 정확한 치수를 알아야 합니다. 우리가 제작할 스마트폰 스피커의 경우 두께가 12mm인 자작나무 합판을 사용하기 때문에 두께를 감안하여 필요한 부재를 계산하는 과정이 필요합니다.

◎ 정육면체 그리기 & 부재 계산하기

1. 한 변의 길이가 100mm인 정육면체를 선으로 그리기

2. 두께가 12mm인 판재로 만든, 한 변의 길이가 100mm인 정육면체 그리기

- 1 -

3. 두께가 12mm인 판재로 한 변의 길이가 100mm인 정육면체를 만들 때 필요한 부재 계산하기

– 각 면을 기호를 붙여 치수와 필요한 개수를 계산합니다. 아래 표를 활용하여 필요한 재료의 개수와 치수를 계산하세요.

구분	치수(mm, 가로×세로)	필요한 개수
A	×	
B	×	
C	×	
D	×	
E	×	
F	×	

4단계 제작도 그리기

연습하기를 마쳤다면 모눈종이와 연필, 지우개를 준비하여 구체적인 제작도를 그려 봅니다. 제작도는 아이디어 스케치를 실제 제품화하기 위해 필요한 것으로, 제품의 정면, 측면, 윗면을 보여 주기 위해 사투상도를 활용하여 그리도록 지도합니다.

준비한 모눈종이에 제작도를 그리는데, 그림은 1:1의 크기로 그리도록 합니다. 학생들의 경우 자신의 작품이 어느 정도가 될지 가늠하기 어려워하기 때문에 실제 크기로 도면을 그리고, 스마트폰과 비교해 비율 등을 고려하여 완성도를 높이는 것이 중요합니다. 먼저 정면을 실제 크기로 그린 다음 입체를 표현하는데, 입체의 경우 원근을 표현해야 하기 때문에 실제 크기와 똑같게 그릴 수는 없습니다. 그러므로 적당한 비율로 그리도록 지도합니다.

제작도를 완성하면 필요한 부재를 계산하여 정리하도록 합니다. 이 과정에서 실수가 없어야 목재를 재단하는 데 문제가 발생하지 않습니다. 가능하다면 교사는 학생들이 계산한 부재를 확인해 주는 것이 좋습니다.

_____ 학년 _____ 반 _____ 번 __________

◎ 활동 안내 - 제작도 그리기

– 이번 시간은 그동안의 노력을 실현하기 위한 제작도를 그리는 시간입니다. 자신만의 아이디어 스케치를 바탕으로 실제 제작하기 위한 제작도를 그려 보세요.

◎ 제작도 그리기

1. 실제 크기를 가늠하기 위해 모눈종이에 실제 크기로 그립니다.

2. 작품의 전체적인 모습을 한눈에 볼 수 있도록 사투상법을 이용하여 그립니다.

※ 측면, 윗면은 원근 때문에 실제 크기로 그릴 수 없습니다. 적당히 비율을 맞춰 그리세요.

사투상법(Olique Pojection)이란?
물체의 어느 한 면을 자세하게 나타낼 때 사용한다. 먼저, 기준선 위에 물체의 정면을 그리고, 각 모서리에서 45°(15°, 60°) 각도로 빗금을 긋는다. 빗금 위에 물체의 안쪽 길이를 그대로 옮겨 표시하여 마무리한다.

3. 각 면을 기호를 붙여 치수와 필요한 개수를 계산합니다. 아래 표를 활용하여 필요한 재료의 치수와 개수를 계산하세요.

구분	치수(mm, 가로×세로)	필요한 개수
A	×	
B	×	
C	×	
D	×	
E	×	
F	×	

선택 활동 3D 모델링 하기

이 과정은 수업 환경과 주어진 시간에 따라 교사가 판단하여 선택할 수 있는 단계로 실제 제작 전에 3D 모델링으로 만들고자 하는 작품을 미리 입체화시켜 보고 문제점을 해결하는 과정입니다. 학생들은 자신의 아이디어가 입체적으로 표현되기 때문에 상당히 흥미로워합니다. 다만, 프로그램 다루는 것을 어려워하는 학생이 있을 수 있어 교사의 관심과 지도가 필요합니다.

비상업적인 용도로 사용할 경우 3D 모델링이 가능한 다양한 프로그램을 무료로 이용할 수 있습니다. 그중에서도 많이 사용하는 프로그램은 'Sketch Up'과 'Tinkercad'입니다. 'Sketch Up'은 사물의 입체 디자인뿐만 아니라 건축 분야에도 접목할 수 있어 폭넓은 활용이 가능합니다. 다만 'Tinkercad'에 비해 사용법이 조금 더 어렵고, 라이선스를 구입하지 않으면 체험판 사용 기간 이후에는 기능이 제한됩니다. 그에 반해 'Tinkercad'은 무료로 계속 이용할 수 있고 사물 디자인 정도는 어렵지 않게 할 수 있습니다.

두 프로그램 모두 포털 사이트에서 많은 강좌를 통해 사용법을 배울 수 있습니다. 학생들을 지도할 때에도 이 강의 영상을 활용하면 유용한 수업 자료가 되리라 생각합니다.

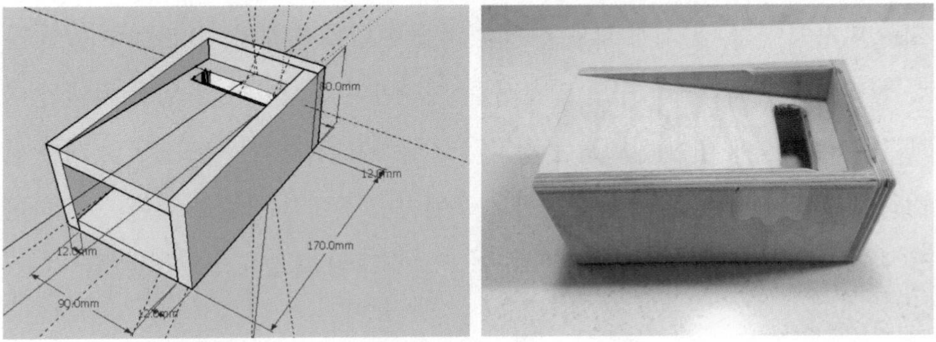

'Sketch Up'을 활용하여 만든 공용 모델 디자인과 실제 완성한 제품

5단계 작품 설명회 및 공모전

자신이 그린 제작도를 가지고 만들고자 하는 작품을 친구들 앞에 소개해 봅니다. 이 단계에서는 친구들의 아이디어로부터 자극을 받고 자기 아이디어의 부족한 점을 보완할 수 있습니다.

B4 용지를 나누어 주고 자유롭게 자신의 작품에 대한 설명을 그림과 글로 작성하도록 합니다. 이때 꼭 포함시켜야 할 내용만 알려 주고 형식에 구애받지 않고 자유롭게 발표할 수 있는 분위기를 조성합니다. 작품 설명서에는 작품의 전체적인 스케치(치수 표현), 참고 사진, 작품에 대한 설명이 반드시 들어가 있어야 합니다. 이 과정을 지도할 때 종이 박스 등을 잘라 실제 모형으로 만들어 설명하는 학생도 있었습니다. 종이 모형은 풀과 테이프 등을 이용하여 간단하게 만들 수 있어 좋은 아이디어입니다. 작품 설명서를 작성한 후에는 순서를 정해 자신의 작품을 친구들에게 소개하도록 지도합니다. 자신의 아이디어를 설명하고, 보완할 점에 관한 질문과 답변의 과정을 거치는 것도 자신의 아이디어를 한 단계 발전시키는 과정이 될 수 있습니다. 3D 모델링 과정을 거쳤다면 3D 모델링 작품을 간단하게 프레젠테이션 하는 것도 좋습니다.

개인의 작품을 만드는 것은 각자가 가진 다양한 생각을 표현하는 장점이 있으나 디자인이 수준에 미치지 못하는 학생이 있을 수 있으며, 다양한 작품의 부재를 각각 재단하는 것은 교사에게도 부담일 수 있습니다. 그럴 때는 선택 과정으로 디자인 투표 및 제작 모델 선정 과정을 진행할 수 있습니다. 예를 들어 작품 설명이 끝난 후 '제품 구입 입찰서'를 개인마다 작성하여 총 입찰 금액을 더해 각각의 작품에 대한 선호도를 평가하도록 하고 그중 하나 또는 몇몇 개를 선정하는 것입니다. 여러 개를 선정한 경우에는 그중에서 만들고 싶은 모델 하나를 각자 선택하여 제작하도록 지도하여 프로젝트의 효율을 높일 수 있습니다.

____ 학년 ____ 반 ____ 번 ________

◎ 활동 안내 - 평가하기

– 이번 시간은 여러분의 아이디어를 친구들에게 소개하고 다른 친구들의 작품을 평가해 봅시다. 친구들의 아이디어에 대한 자극과 부족한 점의 보완이 이루어지는 단계입니다. 작품에 대한 소개가 끝나면 친구들의 투표로 공동 제작할 작품을 선정합니다.

◎ 작품 설명회 및 공모전

1. 작품 설명서 작성하기

자유롭게 자신의 작품에 대한 설명을 그림과 글로 작성해 봅시다. 실제 제작품을 종이로 만들어서 소개할 수도 있습니다. 작품의 전체적인 모습 스케치(치수 표현), 참고 사진, 작품에 대한 설명이 반드시 들어가야 합니다.

2. 작품 설명하기 & 질문 받기

순서를 정해 자신의 작품을 친구들에게 소개합니다. 자신의 아이디어를 설명하고 보완하면 좋을 점에 대한 조언(질문/답변)의 과정을 거치는 것도 자신의 아이디어를 한 단계 발전시킬 수 있는 좋은 방법입니다. 발표가 끝난 후 작품 설명서는 칠판이나 벽에 붙이고 들어가도록 합니다.

3. (선택) 디자인 투표 및 제작 모델 선정

작품 소개가 끝나면 각자 만들어 보고 싶은 작품을 선택하도록 합니다. 가장 많은 선택을 받은 작품을 공동 제작품으로 선정합니다.

※ 투표 규칙

① 선생님이 나눠 준 포스트잇에 가장 마음에 드는 작품 3가지를 골라 적습니다.
② 내가 만든 작품은 제외하고 투표하는 것을 원칙으로 합니다.
③ 투표가 끝나면 칠판에 붙여 결과를 확인하도록 합니다.

제작 단계

6단계 다듬기

우리가 사용하는 물건의 소재는 대부분 금속, 플라스틱, 목재 중 하나입니다. 나무는 원목, 집성재, 합판, MDF(중밀도섬유판, Medium Density Fiberboard), 파티클 보드(Particle board) 등으로 가공되어 사용합니다. 이름에서 연상할 수 있듯, 보기 좋고 넓은 판재만 사용하는 것이 아니라 나무 조각, 가루까지도 가공하여 사용합니다. 이 프로젝트에서는 앞서 언급했듯이 쪼개짐이나 가공성을 고려하여 합판을 선택했습니다.

목재를 개인마다 하나씩 나누어 주고 합판의 특성을 확인하도록 합니다. 모서리, 옆면을 함께 보면서 나뭇결이 층층이 직각으로 쌓여 '합'쳐서 '판'이 된 것을 보고 '합판'이라는 목재의 특성을 학생들이 이해하도록 지도합니다.

사용할 목재를 준비했다면 다음은 사포를 이용하여 목재를 매끄럽게 다듬어 보겠습니다. 사포는 모래 천이라는 뜻으로 뒷면에 쓰인 숫자의 크기로 거친 정도를 확인합니다. 숫자가 클수록 일정 면적에 입자가 더 많이 들어있어 고운 마무리를 할 수 있고, 작을수록 입자가 적게 들어 있어 거친 면을 정리하기에 좋습니다. 일반적인 사용 방법은 작은 수치의 사포, 즉 거친 사포로 먼저 표면을 정리하고 난 다음 큰 수치의 사포(고운 사포)를 사용하여 매끈한 표면을 얻습니다. 수치는 사포 뒷면에서 확인할 수 있으며 가장 많이 사용하는 수치는 220번 사포입니다. 사포의 옆에 있는 것은 사포 홀더인데 여기에 적당한 크기로 사포를 잘라 고정시켜 사용합니다. 예산에 여유가 있다면 사포 홀더를 같이 구입하는 것도 좋습니다.

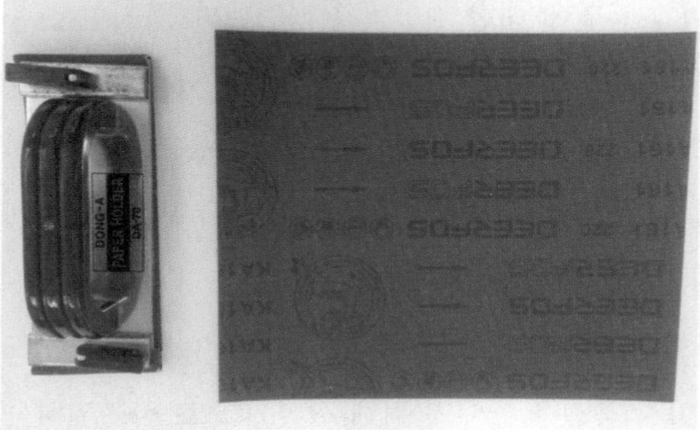

사포 홀더와 사포

활동에서 사용할 사포는 220번, 400번입니다. 먼저 두 종류의 사포를 적당한 크기로 잘라 나누어 주고, 학생들이 뒷면의 수치를 확인하게 합니다. 그러고 난 뒤에 사포를 직접 만져 보고 사포를 홀더에 끼우도록 지도합니다. 사포를 사용할 때에는 사포 홀더를 이용해야 하지만 예산 등의 문제로 구입이 어려울 경우 사진과 같이 나무토막에 감아서 사용하기도 합니다. 또 나무토막도 없다면 사포를 돌돌 말아서 다듬기를 할 수 있습니다.

사포를 나무토막에 감아 다듬기

사포만 사용해서 다듬기

사포질을 몇 번 하느냐는 마감 품질에 대한 개인의 선택입니다. 하지만 실습 때마다 매번 다치는 학생이 발생하곤 하니, 안전에 관한 사항은 아무리 강조해도 부족함이 없습니다. 모서리는 손으로 만졌을 때 거슬리지 않을 정도로 거친 사포로 거스름(가시)을 정리하도록 지도합니다. 모서리의 면 부분은 조립 때 접착하는 부분이기 때문에 사포질을 하지 않습니다.

그다음, 판면 부분을 한 방향으로 사포질하도록 지도합니다. 나뭇결이 도드라지는 원목, 집성재의 경우 마감 품질을 높이기 위해 결 방향으로 사포질하는 것을 원칙으로 합니다. 합판도 가능하다면 결 방향으로 사포질하는 것이 좋습니다. 거친 사포로 어느 정도 정리했다면 부드러운 사포로 마무리하도록 지도합니다.

목재를 다듬는 과정에서 너무 열정적으로 사포질을 한 탓에 첫 면이 다 닳아 합판의 다음 층이 나오는 경우가 있습니다. 거친 사포로 면이 정리되면 다음에는 부드러운 사포로 바꿔 사용하도록 지도합니다. 손바닥으로 사포 면을 쓰다듬어 보면 열심히 한 것과 그렇지 않은 것이 확연하게 차이가 납니다.

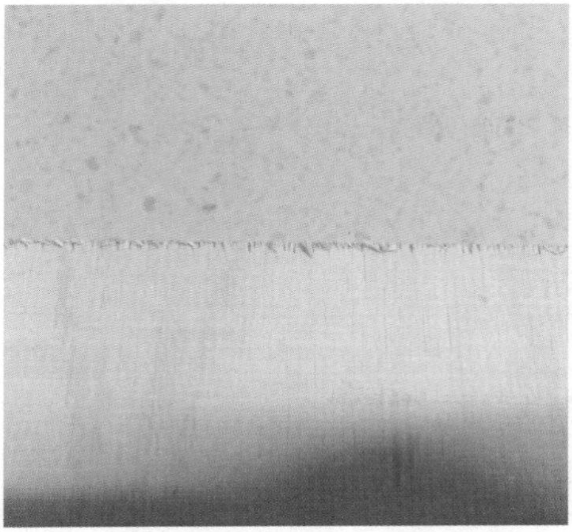

모서리의 거스름

사포질로 모서리 다듬기

사포질로 면 다듬기

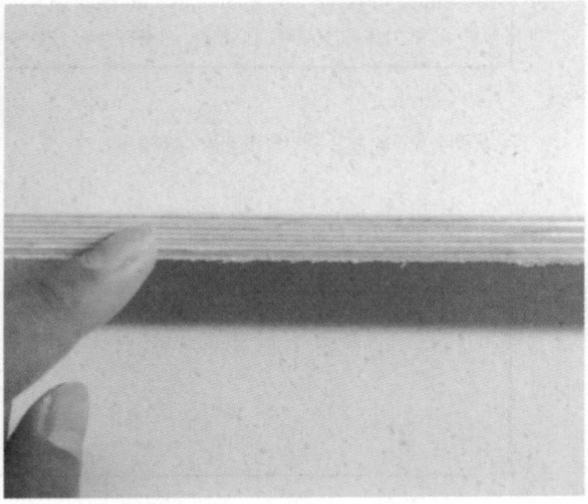

사포질하지 않는 면

무전원 스마트폰 스피커 겸 거치대 만들기

____ 학년 ____ 반 ____ 번 __________

◎ 활동 안내 - 다듬기

- 이번 시간에는 목재의 특징을 알고, 사포를 이용하여 실제로 목재를 다듬어 봅시다.

◎ 목재의 특징

1. 목재의 특징은 무엇일까요?

합판(合板) 한자의 뜻을 풀이해 보면 '합쳐진 판'이라는 뜻을 가지고 있습니다. 목재의 옆면(모서리)을 살펴보면 나무 판들이 층층이 쌓여 있는 것을 볼 수 있습니다. 이는 얇게 층을 만들어서 한 층 한 층 직각 방향으로 쌓아 올린 '합판'이라는 가공재의 특징입니다. 이렇게 가공재를 사용하는 이유는 자라는데 오랜 시간이 걸리는 나무에서 얻어지는 부산물을 낭비 없이 사용하기 위해 판, 조각, 가루까지도 가공해서 사용하기 때문입니다.

2. 목재의 옆면을 보고 합판의 특징을 살펴봅시다.

3. 이렇게 만들어진 합판은 어떤 특징을 가지고 있을까요?

- 1 -

◎ **사포질하기**

1. 사포는 무엇일까요?

사포(砂布)
모래 천이라는 뜻으로, 뒷면에 쓰인 숫자의 크기로 거친 정도를 확인할 수 있습니다. 수치가 큰 사포는 일정 면적에 입자가 더 많이 들어있다는 뜻이며 수치가 작은 사포에 비해 표면이 고와 고운 마무리를 할 수 있다는 뜻입니다. 반대로 수치가 작은 사포는 작을수록 적게 들어 거친 면을 정리하기에 좋습니다. 일반적인 사용 방법은 작은 수치의 사포, 즉 거친 사포로 먼저 표면을 정리한 다음, 큰 수치의 사포(고운 사포)를 이용해 매끈한 표면을 얻습니다.

※ 사포로 다듬는 이유?
작품의 완성도에 많은 영향을 끼치는 것이 사포질입니다. 우리가 사용하는 가공재(집성재, 합판, MDF, 파티클보드 등)는 자연 상태의 목재를 가공했기 때문에 육안으로 볼 때, 크게 거칠어 보이지 않습니다. 그러나 직접 만져 보면 거친 촉감을 느낄 수 있습니다. 그래서 사포질을 통해 거친 면을 정리하고 부드럽게 다듬어 품질을 높이는 것은 목공에서 상당히 중요한 작업 중 하나입니다.

2. 사포질하는 방법

① 사포를 만져 보고 사포 뒷면에 숫자(220, 400번) 확인합니다.
② 다듬을 면을 확인합니다. 이때 나뭇결 방향, 사포질하지 말아야 할 부분을 확인하는데, 사포질은 가급적 나뭇결의 방향으로 하고, 목공풀을 붙이는 접착면(모서리)은 사포질하면 안 됩니다. 모서리는 거스름만 돌려가며 제거합니다.

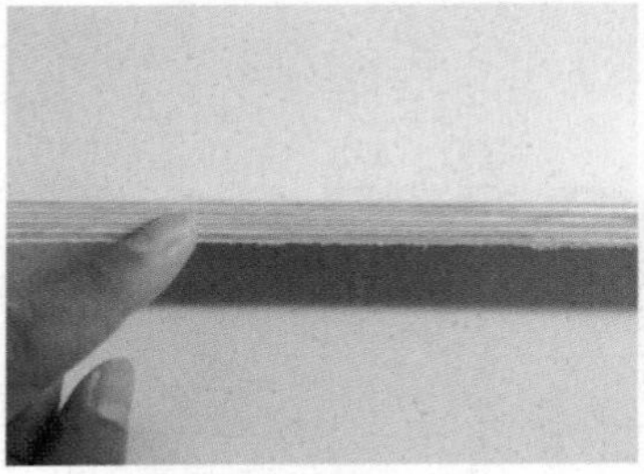
모서리는 사포질하지 마세요.

모서리 거스름만 돌려가며 제거하세요.

③ 사포질을 하면서 손바닥으로 만져 보고 다듬는 정도를 확인합니다.

- 2 -

7단계 재단하기

제작도를 보고 필요한 만큼 목재에 연필로 표시하고 재단하는 과정입니다. 목재는 한번 자르면 다시 붙일 수 없기 때문에 정확한 치수에 맞춰 재단하는 것이 매우 중요합니다.

우선 치수에 맞게 그리는 것부터 시작합니다. 학생들의 경우 수직으로 선을 그리지 못하는 경우가 있습니다. 준비된 자의 종류에 따라 각기 다른 사용법을 안내합니다. 직각자(곱자)를 이용할 때에는 사진처럼 한 면을 걸고 직각임을 확인하여 원하는 치수에 맞춰 선을 그리도록 지도합니다.

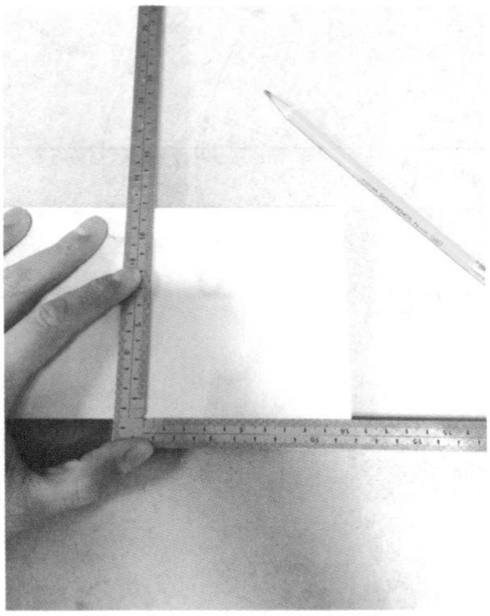

직각자를 이용하여 재단선 그리기

30cm의 강철자를 이용할 때에는 수직으로 선이 그어져야 재단할 때 치수가 정확하기 때문에 주의할 필요가 있습니다. 또한 목재에 사용하는 필기구는 샤프 또는 잘 깎아 놓은 연필을 사용해야 연필선 두께에 따른 오차를 최소화할 수 있습니다.

목재를 재단할 때 사용할 톱날의 두께는 약 3mm정도이며 실제로 재단할 때

그만큼 더 잘려 나가기 때문에 연속해서 재단선을 그리지 않도록 지도합니다. 아래 사진처럼 양 끝에 하나씩 재단선을 그려 오도록 지도하며 한 번에 두 조각씩 자르고, 또 다음 필요한 부분의 재단선을 그려 오도록 합니다. 학생들이 자를 이용하여 치수에 맞게 재단선을 그려 오면 교사가 안전 사항에 유의하여 재단해 주면 됩니다.

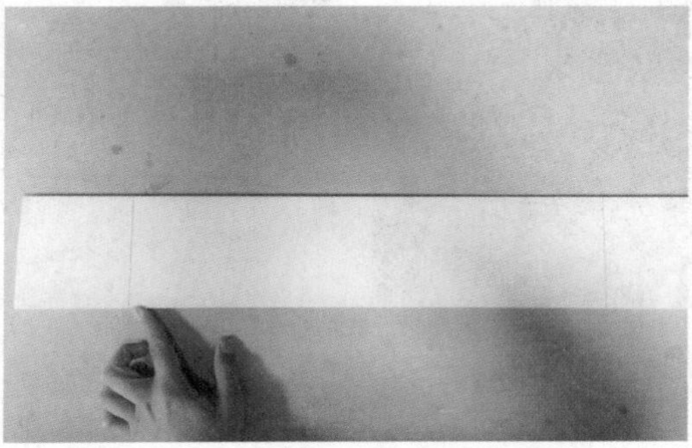

양 끝에 수직으로 맞춰 그린 재단선

각도 절단기는 회전하는 톱날이 위에서 아래로 내려오면서 재단하도록 되어 있습니다. 종류는 다양하지만 기능은 대부분 비슷합니다. 각도절단기는 반드시 교사가 사용하며 학생들은 절대 호기심으로라도 작동하지 않도록 지도합니다.

재단 시 사용하는 각도 절단기

먼저 작업대 위에 목재를 올려놓고 재단선에 맞춰 톱날을 내려 정확히 일치시킵니다. 톱날과 재단선이 일치하면 작동 버튼을 누르고 톱날을 아래로 내리며 재단하면 됩니다. 이때 목재를 잡은 왼손은 힘의 방향을 지지대 쪽으로 향해 눌러야 하며 절대 톱날 방향으로 힘을 주면 안 됩니다.

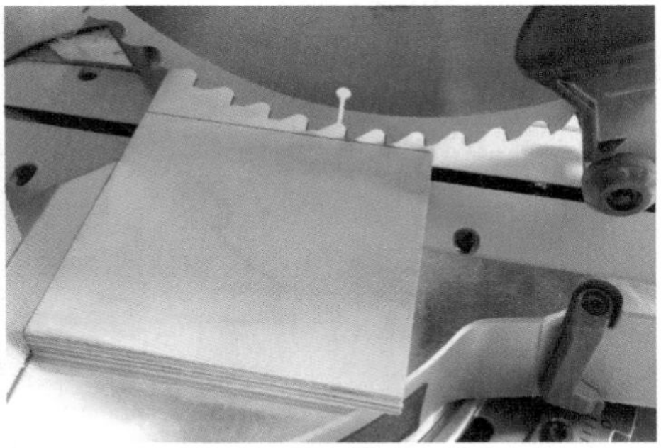

각도 절단기로 재단선에 맞춰 목재 절단하기

목재를 재단할 때 톱밥이 많이 발생하므로 환기가 중요합니다. 톱밥이 많이 발생하는 전동 공구는 청소기와 연결하여 사용하기도 합니다. 사진의 검은색 톱밥 토출관에 청소기를 연결하여 작동시켜 두면 톱밥이 정리되어 좀 더 편하게 사용할 수 있습니다. 다만 청소기의 소음이 다소 시끄러울 수 있습니다.

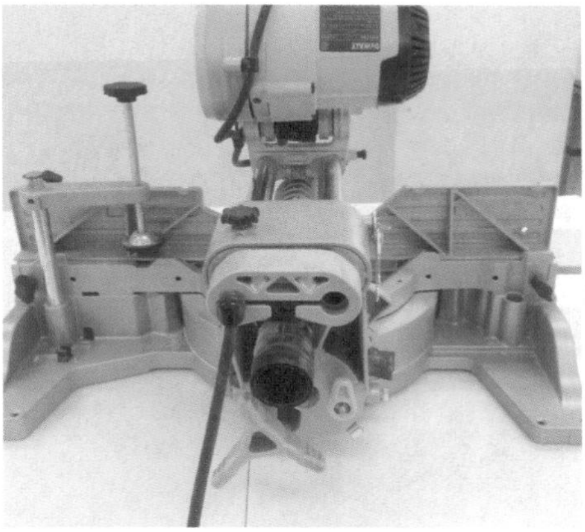

청소기와 연결할 수 있는 톱밥 토출관

각도 절단기라는 이름에서 알 수 있듯 수직으로 자르는 것은 물론 눈금자에 맞춰 원하는 각도를 자를 수 있습니다.

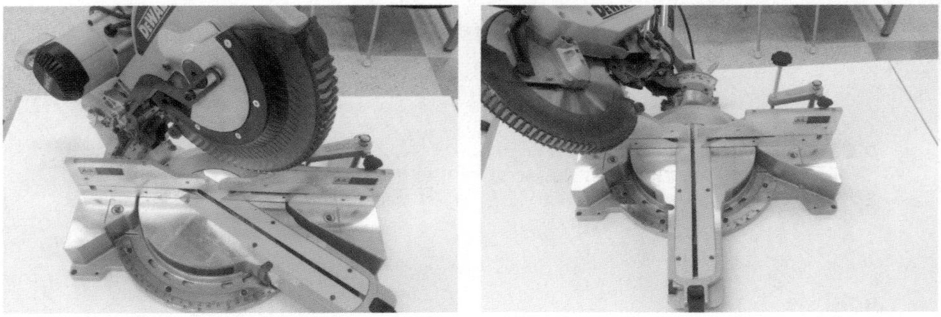

다양한 각도로 절단할 수 있는 각도 절단기

이 기능을 활용하면 다양한 각도를 가진 작품을 만들 수 있습니다.

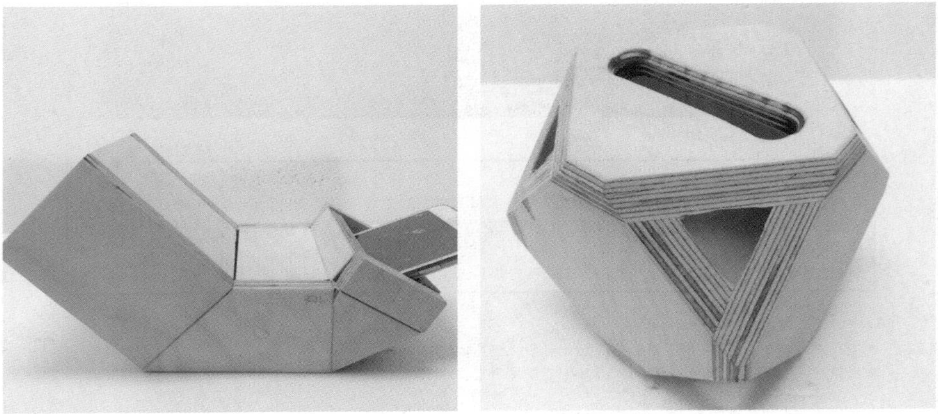

각도 절단기를 이용하여 만든 작품들

____ 학년 ____ 반 ____ 번 __________

◎ **활동 안내 - 재단하기**

– 이번 시간은 제작에 필요한 부재를 재단하는 시간입니다. 사포질한 목재에 자와 연필을 이용하여 재단선을 그린 후, 선생님에게 재단을 부탁하도록 합니다. 나만의 스마트폰 스피커에 맞게 나무를 재단해 봅시다.

◎ **재단 순서**

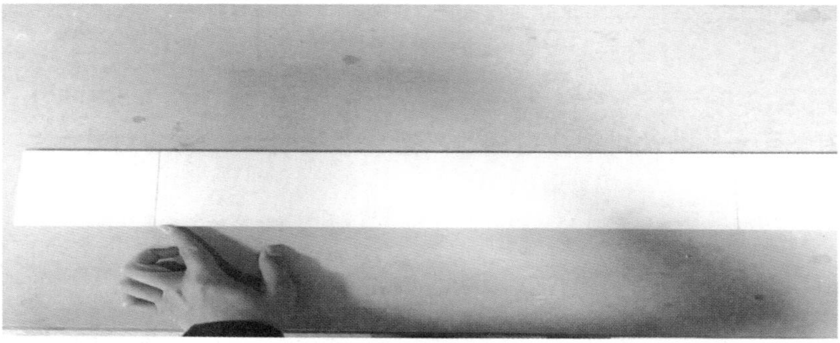

① 제작도를 확인합니다.
② 재단선을 그리는데, 한 번에 두 개의 부재를 자르기 위해 재단선은 양 끝 부분에 하나씩 두 개를 그립니다. 선생님이 사용하는 전동 톱은 톱날의 두께가 3mm이기 때문에 재단선 이후로 3mm씩 더 잘려 나가므로 연속해서 재단선을 그리지 않도록 주의합니다.
③ 선생님께 예쁜 목소리로 "잘라 주세요~"라고 부탁합니다.

※ 필요한 부재를 모두 자르기 위해 ①~③의 과정을 반복합니다.
※ 잘라진 단면이 거친 경우 사포로 간단하게 정리해 두면 다치지 않습니다.

선택 활동 학생이 사용 가능한 공구

전동 드릴은 드릴 날(비트)에 따라 지름 10mm 정도의 구멍까지는 쉽게 뚫을 수 있습니다. 학생들에게는 다음 주의 사항을 꼭 일러두어야 합니다.

- 가공할 목재를 손으로 완전히 고정을 시킬 것
- 가공하는 목재 밑으로 손을 넣거나 몸이 들어가지 않게 할 것
- 목재와 드릴이 수직이 되도록 작동할 것

전동 드릴

드릴 날

작업 예시

작품 예시

탁상 드릴링 머신은 홀소(Hole-saw)날의 크기에 따라 다양한 크기의 원을 뚫을 수 있어 학생들이 많이 선호하고 완성도 높은 작품을 만들 수 있습니다.

- 가공할 목재가 고정될 수 있도록 클램프나 바이스를 이용할 것
- 가공하는 목재 밑으로 손을 넣거나 몸이 들어가지 않게 할 것
- 중심점을 기준으로 구멍(Hole)이 재단되기 때문에 구멍을 뚫기 위한 중심점과 원의 지름을 표시할 것

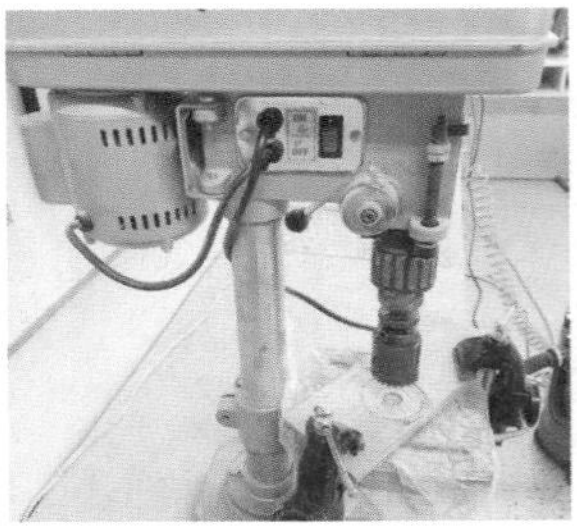

탁상 드릴링

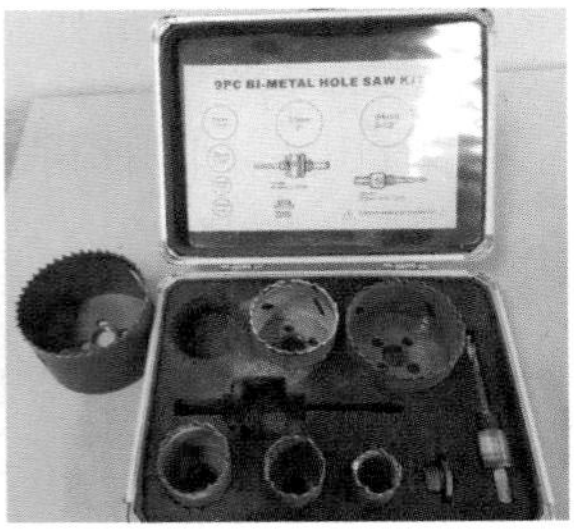

머신 홀소날

작업 예시

작품 예시

지그소는 절단하는 공구이기 때문에 교사의 각별한 주의가 필요합니다.

- 가공할 목재를 손으로 완전히 고정을 시킬 것
- 가공하는 목재 밑으로 손을 넣거나 몸이 들어가지 않게 할 것
- 목재와 지그소의 작업 접착 면이 사진처럼 완전히 밀착되도록 할 것

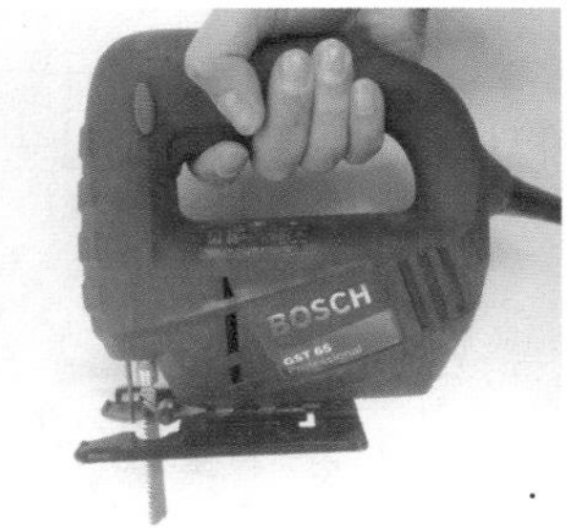

지그소

작업 예시

작품 예시

8단계 조립하기

재단한 부품이 계획에 맞게 잘 재단이 됐는지 미리 조립을 해 보도록 지도합니다. 치수가 맞지 않는 경우, 조정이 가능하다면 사포질 또는 절단기를 이용하여 다시 절단하고 작업을 꼼꼼하게 마무리할 수 있도록 합니다.

가조립을 해 본 후, 목공 풀을 이용하여 실제 조립을 시작합니다. 목재의 부재를 연결하는 방법은 못, 나사못, 목공 풀(본드), 맞춤 등 다양한 방법이 사용됩니다. 당연히 나사못을 사용하면 강하게 결합되겠지만 목재를 결합할 때 의외로 큰 결합력을 발휘하는 것이 바로 목공 풀입니다. 학생들이 만드는 스마트폰 거치대 겸 스피커는 큰 하중을 지탱하는 것이 아니기 때문에 나사못 대신 목공 풀을 사용해도 충분합니다.

목재를 결합할 때 사용하는 목공 풀

목공풀은 인터넷 오픈 마켓에서 가격과 양을 고려하여 구입합니다. 목공 풀은 마르기 전까지는 쉽게 떨어지지만 완전히 마르면 강력하게 결합되는 특징이 있습니다. 성분은 '초산비닐수지'가 주성분이며 시큼한 냄새가 나지만 마르면 냄새가 거의 나지 않고, 인체에는 무해합니다. 손에 묻어도 물로 씻어 내면 깨끗이 사라지며 굳더라도 뗄 수 있기 때문에 사용이 간단합니다. 튜브(짤개)도 여러 개 구입하여 목공 풀을 리필해서 사용하면 경제적입니다. 튜브를 이용할 때, 그냥 눌러 사용하다 보면 튜브가 금방 못쓰게 되기 때문에 튜브를 거꾸로 하고 목공 풀이 아래로 내려오도록 한 후 눌러서 사용하도록 지도합니다.

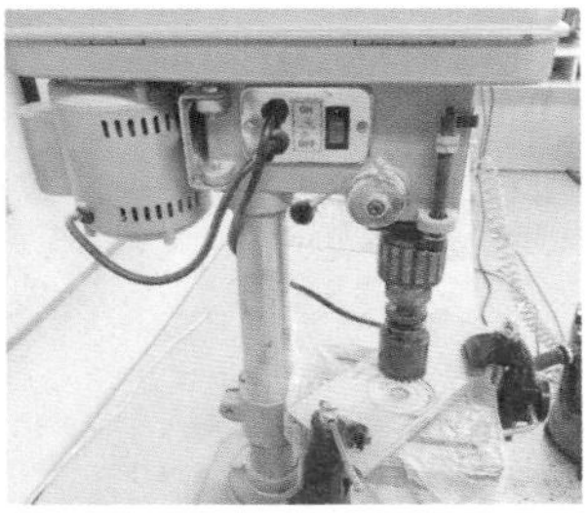
목재의 접착 면에 목공 풀 바르기

새어 나온 목공 풀 닦아 내기

목공 풀이 마를 때까지 굳히기

부재를 결합할 때 목공 풀의 양이 많을 경우 결합된 부재 밖으로 새어 나와 닦아 내야 하는 번거로움이 생기기 때문에 접착면에 고루 펴질 정도로 소량만 바르도록 지도합니다. 굳기까지 30분 정도가 소요되며 완전히 굳기 전에는 다시 떼어 낼 수 있으나 완전히 굳은 후에는 떼어 내기가 매우 어렵습니다. 실제 망치로 때려서 떼어 냈던 적도 있습니다. 따라서 학생들이 신중하게 목재를 접착하도록 지도합니다. 한 번에 두 조각 정도를 결합하고 어느 정도 마르면 다음 조각을 결합해야 함을 알려 줍니다. 한 번에 완성할 때는 결합 시 접합부의 위치가 틀어지지 않도록 세심한 주의를 기울여야 합니다.

___ 학년 ___ 반 ___ 번 ________

◎ 활동 안내 - 조립하기

- 재단한 목재를 조립하여 작품을 완성하여 봅시다. 완성도를 높이기 위해 ①가조립하기→②목공 풀로 붙이기→③마무리 다듬기 순으로 진행합니다.

1. 가조립하기

부재의 치수가 맞는지 결합 전에 미리 확인하는 과정입니다. 부재의 치수가 맞지 않을 경우 자르거나 혹은 다시 재단하도록 합니다.

2. 목공 풀로 붙이기

목공 풀은 하얀색이지만 굳으면 투명하게 변합니다. 적은 양으로도 매우 단단하게 결합되므로 접착 면에 고루 펴질 정도의 소량만 사용하도록 합니다. 굳기까지 30분 정도 소요되며 굳기 전까지는 쉽게 조정이 가능하나 완전히 굳은 후에는 떼어내기 어려우니 주의합니다. 사진에서 보는 것처럼 한 번에 다 붙이기보다는 3~4면 정도 조립한 후 나머지 조립을 끝내는 것이 좋습니다. 굳으면 투명해지고 딱딱해서 보기 싫기 때문에 새어 나온 목공 풀은 미리 닦아 주어야 합니다.

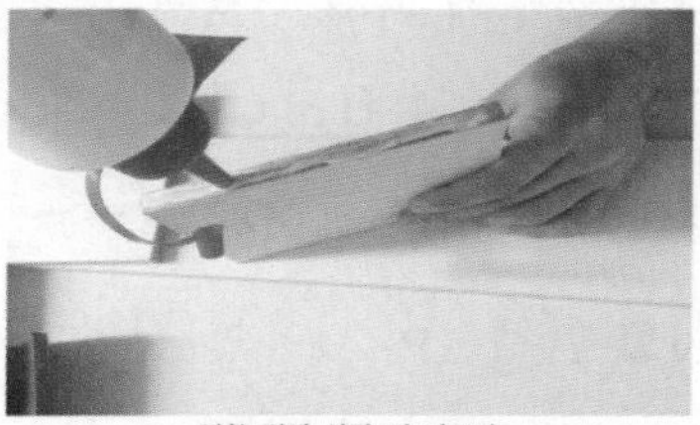
접착 면에 살짝 펴 바르기

조립하기

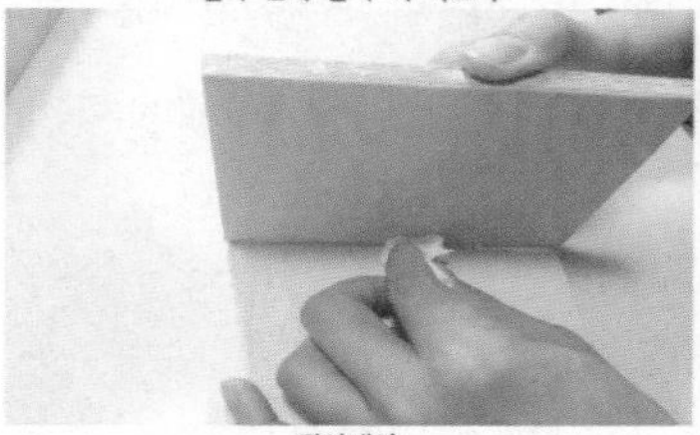
닦아내기

부분 완성하기

※ 색을 칠하고 싶을 때는?
목재에 색을 칠하려면 스테인(목재의 결이 보이는 착색제)이나 전용 페인트를 사용할 수 있지만 간단하게 유성 매직, 아크릴 물감, 볼펜, 형광펜 등을 이용하여 간단하게 그림을 그리거나 글을 쓸 수 있습니다.

9단계 완성하기

조립이 끝나면 마지막 다듬기를 하도록 지도합니다. 작품의 최종 마감 품질을 결정하는 것은 꼼꼼한 조립도 중요하지만 촉감도 중요한 만족 요인 중 하나입니다. 고운 사포를 이용하여 연결 부위, 면 등을 꼼꼼하게 다듬어야 합니다. 고운 사포는 새 사포를 사용하기보다 충분히 사용하여 사포 알갱이가 뭉개진 사포를 사용하여 가볍게 면을 정리해 주면 됩니다. 사포는 면을 정리하기도 하지만 거친 사포로 모서리를 강하게 다듬으면 모서리를 둥글게 만들어 디자인에 변화를 줄 수도 있습니다.

다음은 색칠하기입니다. 목제품에 사용하는 칠의 목적은 크게 색을 입히기 위한 것과 보호하기 위한 것으로 나뉩니다. 다양한 방법이 있지만 일반적으로 색을 입히고 싶다면 먼저 색을 칠하고 보호재를 칠하면 되고, 나뭇결을 살리고 싶다면 보호재만 칠해 주면 됩니다. 목재에 색을 입히기 위해 주로 사용하는 것은 '스테인'과 '목재용 페인트'입니다. 스테인은 나뭇결이 보이도록 색을 입히고, 페인트는 나뭇결이 보이지 않도록 덮어 버립니다. 이번 수업에서 만드는 작품은 나뭇결을 크게 신경을 쓰는 가구가 아니고 학생들이 사용할 것이기 때문에 다양한 색상의 유성 매직이나 아크릴 물감을 학생들이 각각 준비하도록 하고 개성 넘치는 문구, 그림을 그리도록 지도하면 됩니다. 색 칠하기는 시간을 고려하여 생략해도 괜찮습니다.

학생들이 직접 만든 스마트폰 거치대 겸 스피커

경청과 소통의 토론 수업

지금껏 "왜?"라는 '자기 생각 만들기' 유전자를 숨긴 채 살아온 학생들

'입시 경쟁'이라는 커다란 벽 앞에서 '가르칠 수 있는 용기'를 점점 잃어버리고 있는 교사들

이 수업이 우리 모두에게 조금이나마 도움이 되길 희망합니다.

생각을 언어로 표현하기 시작하는 유아기 때, "엄마"라는 단어 다음으로 가장 많이 내뱉는 말이 "왜?"라는 사실은 우리에게 많은 고민을 던져 줍니다. "왜?"라는 물음에 수많은 대답이 이어져 왔습니다. 부모의 입에서는 "크면 다 알아.", 교사의 입에서는 "정답이 아니야." 혹은 "쓸데없는 질문이야.", 친구들의 입에서는 "나대지마."라는 상처와 공포의 언어가 대답으로 돌아왔습니다.

무기력한 가르침과 생각 없는 배움을 조금이나마 극복하기 위해 지난 몇 년간 소통과 경청의 토론 수업을 진행해 왔습니다. 다양한 토론 수업의 방법들이 있지만, 여기에서는 가장 간단하면서도 어느 수업에나 적용하기 쉬운 게시판 토론과 월드 카페 회의법을 소개하고 실제 수업 과정을 나누고자 합니다.

입을 여는 첫걸음! 게시판 토론

교실에서 '말하기'란 '큰 용기'의 다른 이름입니다. 나를 드러내지 않고도 나의 생각을 친구들과 공유할 수 있는 게시판 토론을 소개합니다. 게시판 토론이란 어떤 주제에 대해 학생들이 직접 말하지 않고 포스트잇이나 종이에 생각을 적어 제출하면, 교사 또는 사회자가 읽고 칠판에 게시하여 진행하는 토론 방법입니다.

게시판 토론은 언제 활용하면 좋을까요? 우선 교실 안에서 충분한 토론 문화가 만들어지지 않았을 때, 자연스럽게 자신의 생각을 무기명으로 적어 제출하게 하면 학생들도 부담 없이 토론에 참여할 수 있습니다. 따라서 학급 구성원 전체의 의견을 공유하고 싶을 때 유용하며 학급 차원에서 구성원들이 함께 해결해야 할 문제나 토론하고 싶은 주제를 정할 때도 유용합니다.

진행 순서

① 게시판 토론의 주제를 정한 후, 학생들에게 포스트잇이나 종이를 나누어 준다.
② 학생들에게 생각할 시간(2~3분)을 준 후, 자신의 생각을 적게 한다.
③ 종이는 뒤에서부터 걷게 하지 않고, 교사 또는 사회자가 책상 사이를 3~4회 돌아다니면서 직접 수거한다.
④ 수거한 종이를 한 장씩 읽어 가며 칠판에 게시한다.
⑤ 유사한 내용이 나오면 이미 게시한 내용 아래에 게시한다.
⑥ 학급 구성원의 의견을 전체적으로 공유한다.

진행상 유의점

- 작은 사이즈의 포스트잇을 쓰면, 학생들이 내용을 볼 수 없습니다. 그래서 큰 사이즈의 포스트잇을 사용하거나, A4 용지 반절을 사용하는 것이 좋습니다.
- 스스로 생각할 시간을 따로 가지지 않으면 자신의 생각이 아닌, 당위적인 생각을 적게 될 가능성이 높습니다.
- 생각의 속도, 글쓰기의 속도는 개인마다 다릅니다. 결과물을 일괄적으로 뒤에서 걷으면 속도의 차이로 완성하지 못한 학생의 경우 제출하지 못하게 되고 이후 토론 활동에 소극적으로 참여할 가능성이 높습니다. 학생들에게는 완성의 경험이 매우 중요합니다.
- 유사한 내용이 나올 경우 이미 나온 내용 아래에 게시하고, 다른 내용일 경우에는 옆에 따로 게시합니다. 가급적이면 교사 또는 사회자가 임의로 내용을 분류하여 게시하지 말고 학생들에게 물어 가면서 게시하면 좋습니다. 내용이 애매할 경우에는 이 글을 적은 학생에게 조금 더 부연 설명을 요청하면 무기명으로 적어 냈지만, 대부분의 학생들은 추가로 설명하는 데 주저하지 않습니다. 더불어 시간이 없다고 해도 모든 학생이 적은 내용을 읽어 주어야 합니다. 여기서 학생들은 존중받는 느낌을 받습니다.
- 모든 게시가 끝난 후 학급 구성원들의 의견을 전체적으로 살펴보면서 대략적인 경향성을 파악합니다.

실제 진행 예시

- 함께 이야기하고 싶은 주제를 제시하고 포스트잇이나 종이를 제공합니다. (5분)

"오늘은 1년 동안 우리가 생활하면서 함께 지켜야 할 규칙을 정하려고 합니다. 일단 규칙을 정하기 전에 각자가 기대하는 학급 생활이 있을 것이라고 생각합니다. 즐겁게 보내고 싶은 학생, 수업에 집중했으면 하는 학생, 단합 대회가 많았으면 하는 학생, 서로 싸우지 않았으면 하는 학생 등 다양한 생각이 있을 겁니다. 많은 생각들이 있겠지만, 지금 나누어 주는 포스트잇 또는 종이에 가장 기대하고 있는 학급 생활을 한 가지만 써 주세요. 뒤에 있는 학생들이 보일 정도로 크게 써 주시고요. 종이에 적을 때는 세로 방향이 아니라 가로 방향으로 적어 주세요."

- 포스트잇 또는 종이를 수거한 후, 읽어 가면서 칠판에 게시합니다. (35분)

"선생님이 지금부터 종이를 걷기 위해 책상 사이를 3번 돌아다닐 거예요. 다 적은 학생은 선생님이 책상 옆을 지날 때, 종이를 제출하면 됩니다. 시간은 충분하니 서두르지 마세요. 혹시 선생님이 3번 돌아다닐 때까지 완성이 되지 않은 학생은 선생님이 칠판에 게시하는 동안에 앞으로 제출하면 됩니다."

"지금부터 우리 모두의 의견을 공유하도록 하겠습니다. 한 장씩 읽으면서 칠판에 게시하겠습니다. 유사한 내용이 나올 경우 이미 나온 내용 아래에 게시할 거고요. 다른 내용은 옆에 따로 게시하도록 하겠습니다. 첫 번째 '싸우지 않는 학급'이라고 적어 주었네요. 왼쪽에 게시합니다. 두 번째 '다투지 않는 학급'이 나왔네요, 이건 어디에 게시하면 좋을까요?"

학생들: '싸우지 않는 학급' 밑에 게시하면 될 것 같아요.

"네, 그러면 되겠네요. 세 번째 '수업 분위기가 좋은 학급'이 나왔네요. 옆에 따로 게시합니다. 네 번째 '단합 대회가 많은 학급'이 나왔습니다. 옆에 따로 게시해도 되겠죠?"

학생들: 네~.

"다섯 번째, '즐거운 학급'이 나왔는데요. 좀 더 부연 설명을 들으면 분류하기 좋을 것 같은데 이 답을 쓴 사람이 설명해 줄 수 있을까요? 무기명으로 했지만, 추가로 이야기해 주면 의견을 반영하기 좋을 것 같아요."

학생: 제가 썼는데요. 아까 나온 '단합 대회가 많은 학급'과 비슷한 의견이니 거기에 분류해 주세요.

"네, 그럼 '단합 대회가 많은 학급' 밑으로 같이 게시할게요!"
"여섯 번째, 일곱 번째……."

• 모든 게시가 끝난 후 전체적인 의견을 정리합니다. (5분)

"학생 35명 중에서 15명이 '즐거운 학급, 단합 대회가 많은 학급'에 속하는 의견을 주었습니다. 8명은 '싸우지 않는 학급, 화목한 학급'을, 5명은 '수업 분위기가 좋은 학급, 정숙한 학급'을 기대하고 있네요. 3명은 '쾌적한 학급'의 의견을 주었고요. 4명은 각각 '종례가 짧은 학급', '남의 물건을 훔치지 않는 학급', '다양성을 인정하는 학급', '거짓말을 하지 않는 학급'이라는 의견을 주었네요. 자~ 그럼 학급 전체의 의견을 공유했으니, 다음 시간에는 이러한 학급을 만들기 위해서 어떠한 규칙과 약속이 필요한지에 관해 논의하도록 하겠습니다."

활동지 1 게시판 토론으로 정하는 **학급 규칙**

◎ 학급 규칙 세우기

모둠	(　　)반 번호(　　) 이름:　　　　번호(　　) 이름: 번호(　　) 이름:　　　　번호(　　) 이름: 번호(　　) 이름:
모둠이 정한 학급 규칙	
학급이 정한 학급 규칙	
논의 중에 있었던 토의 내용 3가지	
정해진 학급 규칙이 갖는 문제점 2가지	
회의 과정에서 가장 인상 깊었던 장면 (1가지)	

편안한 대화! 깊이 있는 토론! 월드 카페

편한 분위기 속에서 느껴 보는 집단 지성의 경험! 월드 카페 토론을 소개합니다. 월드 카페 토론이란 카페 같은 편안한 분위기 속에서 모둠별로 주제에 관해 자유롭게 이야기하는 토론 방법입니다.

월드 카페 토론은 언제 활용하면 좋을까요? 어떤 주제에 관해 모둠 토론을 실시할 때나 대화를 통해 학급 구성원들의 다양한 생각을 공유하고 싶을 때 활용하면 좋습니다. 또한 게시판 토론을 통해 주제가 정해지고 나서 그 주제에 관해 깊이 있는 토론을 진행하고 싶을 때 유용합니다. 경청을 연습하고 모둠장의 역할에 대해 교육하고 싶을 때에도 월드 카페 토론을 효과적으로 활용할 수 있습니다.

진행 순서

① 토론할 주제를 제시한다.
② 월드 카페 토론 진행 방법을 안내한다.
③ 4~5명 내외의 모둠을 구성하고 모둠장을 뽑는다.
④ 모둠별로 전지 1장과 학생 수만큼의 펜을 나누어 준다.
⑤ 토론 주제에 대해 모둠별로 15분간 토론하고 2분 안에 각 모둠의 모둠장만 남은 채 나머지 학생들은 다른 모둠으로 이동한다.
⑥ 새로 만난 모둠 구성원들과 다시 15분간 토론을 진행한다.
⑦ 토론이 끝난 후 각 모둠장들이 나와 토론한 내용을 발표한다.

진행상의 유의점

- 토론의 주제는 가급적 다양한 생각을 이끌어낼 수 있는 것이면 좋습니다. 정답이 정해져 있다거나, 제한적인 대답만을 할 수 있는 주제는 자유로운

대화 방식의 월드 카페에는 적합하지 않습니다. 게시판 토론에서 정해진 주제를 월드 카페에서 다루면 주제의 연속성 때문에 학생들이 적극적으로 참여할 가능성이 높습니다.

- 월드 카페 토론 방법은 유튜브 등에서 '월드 카페'를 검색하면 동영상으로 쉽게 찾아볼 수 있습니다. 간단히 순서를 요약하면 '주제 선정 → 모둠 구성 → 모둠장 뽑기 → 간단한 게임이나 놀이를 통한 마음 열기 → 전지에 낙서 등을 하면서 자유로운 토론 → 이동 → 토론 → 발표'로 진행됩니다. 실제 진행의 예시에서 구체적인 방법을 확인할 수 있습니다.
- 시간이 충분하다면 본격적으로 토론하기 전에 간단한 게임이나 놀이를 통해 마음 열기를 진행하면 좋습니다.
- 45분 수업을 기준으로 했을 때, 이동은 1번 정도만 가능합니다. 이동할 때 모둠장은 그대로 있고 나머지 모둠원들이 다른 모둠으로 움직입니다. 이때 모둠원 전체가 다른 모둠으로 전부 이동하는 것이 아니라 각각 다른 모둠으로 흩어져 들어가야 합니다. 모두가 흩어져 이동하기 어려울 경우라도 최소 이전 모둠에서 2명 정도만 같이 움직여야 합니다. 동영상을 보면 쉽게 이해할 수 있습니다.
- 1차 토론이 끝나기 2분 전에 종료 시간을 알리고 이동 시간은 2분 안에 이루어질 수 있도록 안내합니다. 모둠장은 다른 모둠원들이 이동해 오면 1차 토론에서 나누었던 이야기를 간단히 요약해 줍니다. 블록 수업의 경우라면 2번 정도는 이동할 수 있습니다.
- 발표는 모둠당 2~3분의 시간을 주며, 만약 시간이 부족해서 발표가 어렵다고 판단되면 모둠에서 전지에 정리한 내용이나 낙서 등을 벽에 게시해서 쉬는 시간을 이용해 공유하게 합니다.
- 모둠장을 모둠 안에서 선출하기 어려운 경우, 교사 또는 사회자가 임의로 규칙을 정해 선발하는 것도 불필요한 소요 시간을 줄여 토론 시간을 확보

할 수 있으며, 많은 학생들이 모둠장을 경험하게 하는 좋은 방법이 됩니다.

- 자유로운 토론이 기본이지만 특정 학생들이 모둠을 주도하거나, 상대의 말을 경청하는 분위기가 형성되지 않을 경우 서클 방식의 대화 원칙을 적용해도 좋습니다. 서클 방식의 대화 원칙이란 모둠별로 토킹 스틱(마이크 모형이나 볼펜 등)을 나누어 주고, 토킹 스틱을 들고 있는 사람만 말할 수 있게 하여 나머지 학생들은 경청하게 하는 대화 방식을 말합니다. 토킹 스틱을 들고 자신의 말이 끝나면 옆 사람에게 토킹 스틱을 전달합니다. 이런 식으로 대화를 이끌어 가는 것도 평화로운 토론 분위기를 만드는 데 효과적입니다.

실제 진행 예시

- 토론 주제를 제시하고 월드 카페 토론 방법을 안내합니다. (10분)

"지난 수업 시간에는 게시판 토론을 통해 서로가 기대하는 학급의 모습에 관해 이야기를 나누었습니다. 오늘은 우리의 기대를 실현할 수 있는 학급 규칙을 정해 보겠습니다. 오늘 토론 방법은 월드 카페라고 부르는 토론 방법인데요. 먼저 동영상으로 함께 보겠습니다. …… 이제 토론 방법도 이해했으니 각 모둠에 전지 1장과 펜을 나누어 줄게요. 모둠장을 선출해 주세요. (또는 "오늘은 모둠장을 이렇게 정해 볼게요. 생일이 가장 빠른 사람이 하겠습니다.") 총 7개의 모둠이 있는데요. 모둠별로 주제를 알려 주겠습니다."

1모둠: 수업 분위기가 좋은 학급을 위한 우리들의 약속 정하기
2모둠: 단합 대회 같이 즐거운 일이 많은 학급을 위한 우리들의 약속 정하기
3모둠: 싸움이 없는 화목한 학급을 위한 우리들의 약속 정하기
4모둠: 남의 물건에 손대지 않는 학급을 위한 우리들의 약속 정하기

5모둠: 쾌적한 학급을 위한 우리들의 약속 정하기
6모둠: 다양성을 인정하는 학급을 위한 우리들의 약속 정하기
7모둠: 거짓말을 하지 않는 학급을 위한 우리들의 약속 정하기

"자~ 토론을 시작하세요! 펼쳐진 종이에 자유롭게 낙서하면서 편하게 대화를 나누어 주세요. 1차 토론은 10분간 진행합니다."

- **1차 토론이 종료된 후 모둠장만 남고 다른 모둠으로 이동하여 2차 토론을 진행합니다. (35분)**

"토론 종료 2분 전입니다. 아쉽겠지만, 토론을 정리해 주세요. …… 자~ 이제 2분이 지났습니다. 각 모둠장만 남고 나머지 모둠원들은 서로 겹치지 않게 다른 모둠으로 이동합니다. 모두 서로 다른 모둠으로 들어가기 어려운 경우에는 2명까지 같은 모둠에 들어갈 수 있습니다. 모둠장들은 새로운 모둠원이 모이면 1차 토론에서 나온 이야기를 공유하고 바로 2차 토론을 진행하세요."

"2차 토론 종료 2분 전입니다. …… 자~ 이제 2분이 지났습니다. 토론을 멈춰 주시고요. 1모둠부터 나와서 발표를 하겠습니다. 나올 때, 전지를 가지고 나와 주세요. 칠판에 게시하겠습니다."

"발표 잘 들었습니다. 다음 2모둠 나와 주세요. …… 3모둠 나와 주세요. …… 7모둠 나와 주세요."

(시간이 부족한 경우: "토론이 모두 끝났습니다. 오늘은 시간이 부족하여 발표 대신에 각 모둠의 토론 내용이 담긴 전지를 교실 벽면에 게시하도록 하겠습니다. 쉬는 시간과 점심시간을 이용하여 다른 모둠의 토론 내용을 살펴보기 바랍니다.")

"1년 간 함께 행복하기 위한 우리들의 약속이 이렇게 풍부해졌습니다. 오늘

나온 많은 약속들을 교실 뒤편에 게시하겠습니다. 내일 선생님이 1인당 2장의 스티커를 나누어 줄게요. 그럼 여러분은 각자 가장 마음에 드는 약속 2개를 골라 1개씩 스티커를 붙여 주세요. 여러분이 가장 많이 선택한 약속 5가지를 우리 반의 학급 규칙으로 정하도록 하겠습니다."

게시판 토론과 월드 카페 토론 이외에도 경청과 소통으로 집단 지성을 발현할 수 있는 다양한 토론 방법들이 있습니다. 지금껏 우리 교실이 침묵의 교실로 존재했던 이유가 단지, 새로운 토론 방법이 없었기 때문만은 아니라고 생각합니다. 하지만 새로운 토론 방법을 학생들에게 소개하고 수업 공간으로 가져오는 것은 우리 교실이 침묵의 교실에서 활기찬 교실로 바뀔 수 있는 돌파구를 마련하는 출발점이라는 의미가 있습니다. 경청과 소통을 필요로 하는 토론 방법을 수업에 도입하면서 수업을 가득 채웠던 교사의 발언은 줄어들었고, 학생들의 살아 있는 언어들이 그 자리를 채웠습니다.

토론 수업을 본격적으로 수업에 적용했던 지난 5년간, 많은 시행착오가 있던 와중에도 끈질기게 실천했던 두 가지가 있습니다. 먼저 학생들에게 질문을 하고 나서 최소한 15초를 기다렸습니다. 그리고 그 질문에 가장 먼저 대답한 학생에게는 답변의 내용과 상관없이 무한한 감사를 보냈습니다. 기다림과 고마움! 이것이 토론 수업의 시작과 끝이라는 생각을 합니다. 제가 소개한 게시판 토론과 월드 카페는 어쩌면 물고기가 아닌 물고기를 잡는 방법에 속할지도 모르겠습니다. 이 책을 읽는 많은 교사들이 이러한 토론 방법들을 각자의 스타일로 수업에 적용한다면 이 또한 무한한 가능성의 그물이 될 수 있으리라 생각합니다.

토론에 적극적으로 참여하는 학생들

자리를 이동 중인 학생들

칠판에 게시된 학생들이 정한 약속

가장 마음에 드는 약속을 고르는 학생들